用好调查研究这个传家宝

任初轩◎编

人民日报出版社
北京

图书在版编目（CIP）数据

用好调查研究这个传家宝 / 任初轩编 . -- 北京：人民日报出版社，2025. 4. -- ISBN 978-7-5115-8725-1

Ⅰ. D267

中国国家版本馆 CIP 数据核字第 20252JC319 号

书　　名： 用好调查研究这个传家宝

YONGHAO DIAOCHA YANJIU ZHEGE CHUANJIABAO

作　　者： 任初轩

责任编辑： 毕春月　张雨嫣

装帧设计： 新成博创 XIN CHENG BO CHUANG

出版发行： 人民日报出版社

社　　址： 北京金台西路 2 号

邮政编码： 100733

发行热线：（010）65369509　65369527　65369846　65363528

邮购热线：（010）65363531　65363527

编辑热线：（010）65369521

网　　址： www.peopledailypress.com

经　　销： 新华书店

印　　刷： 大厂回族自治县彩虹印刷有限公司

法律顾问： 北京科宇律师事务所　（010）83622312

开　　本： 710mm × 1000mm　1/16

字　　数： 190 千字

印　　张： 16.25

版次印次： 2025 年 5 月第 1 版　2025 年 5 月第 1 次印刷

书　　号： ISBN 978-7-5115-8725-1

定　　价： 48.00 元

目　录

思想平台

理论茶座

学术圆桌

思想平台

用好调查研究这个传家宝

周咏南

调查研究是我们党的传家宝，是做好各项工作的基本功。习近平总书记强调："要大兴调查研究之风，多到分管领域的基层一线去，多到困难多、群众意见集中、工作打不开局面的地方去，体察实情、解剖麻雀，全面掌握情况，做到心中有数。"我们要不断提高调查研究能力，把党中央决策部署贯彻落实好，把本职工作做实做好。

调查研究不仅是一种工作方法，而且是关系党和人民事业得失成败的大问题。当前，我国发展进入战略机遇和风险挑战并存、不确定难预料因素增多的时期，各种"黑天鹅""灰犀牛"事件随时可能发生，我们所面临问题的复杂程度、解决问题的艰巨程度明显加大。越是形势多变、情况复杂，越需要我们进行全面深入的调查研究。

深入实际、深入群众。调查研究是为了发现和解决问题。人民群众最了解实际情况，最容易发现问题，最有解决问题的经验，也最能够创造出解决问题的办法。在调查研究中，要带着感情与群众打交道，让他们打开话匣子，反映真实情况。踏踏实实沉下去，倾听基层干部群众所想所急所盼，真正和群众打成一片，才能掌握真实情况，找到解决问题的思路和办法。

坚持实事求是的原则。做好调查研究，要有直面问题的勇气，既不回避矛盾，也不掩盖问题。要到工作局面好和先进的地方去总结经验，更要到困难较多、情况复杂、矛盾尖锐的地方去研究问题。对调查了解到的真实情况和各种问题，坚持有一是一、有二是二，既报喜又报忧，不唯书、不唯上、只唯实。发扬求真务实的精神，从客观实际出发，葆有追求真理、修正错误的勇气，坚持结论产生在调查研究之后，才能在直面问题中找到办法、在解决问题中凝聚共识。

不断创新方式方法。长期以来，我们在实践中形成了许多行之有效的调研方法，如走访、蹲点、开调查会等。这些传统调研方法感受直接、体会深刻，应继续坚持。同时，也要顺应信息化发展潮流，积极使用网络调查、大数据调查等新的手段和方法，不断提高调研效率和质量。把传统调研方法和现代调研手段结合起来，把微观调查和宏观调查、定性分析和定量分析结合起来，对现实情况的把握才会更客观、更全面、更深入。

一切正确的决策都在调查研究之后。经常开展调查研究，有益于促进领导干部正确认识客观世界、改造主观世界、转变工作作风、增进同群众的感情。新征程上，继续用好这个传家宝，将调查研究制度化、经常化，贯穿于决策全过程，定能不断增强工作主动性、科学性，更好满足人民群众的新期待，推动党和国家各项事业不断向前发展。

《人民日报》2023 年 1 月 31 日第 5 版

调查研究是谋事之基、成事之道

李浩燃

“一个县是不是光靠一个产业去发展，要去深入调研，不能大笔一挥，拨一笔钱，这个地方就专门发展养鸡、发展蘑菇，那个地方专门搞纺织，那样的话肯定要砸锅。”2023 年全国两会期间，习近平总书记提起看过的一个关于“培养一批‘一县一业’重点基地”的文件，指出“靠几业，靠什么业，都要一把钥匙开一把锁，根据具体情况去定，不能下单子”。朴实而深刻的一番话，凸显了调查研究的重要意义。

解决实际问题，必须进行全面深入的调查研究。习近平总书记深刻指出“调查研究是谋事之基、成事之道”，多次强调“要在全党大兴调查研究之风”。中办印发《关于在全党大兴调查研究的工作方案》指出：“党中央决定，在全党大兴调查研究，作为在全党开展的主题教育的重要内容，推动全面建设社会主义现代化国家开好局起好步。”

调查研究是我们党的传家宝，是做好各项工作的基本功。《中国社会各阶级的分析》《湖南农民运动考察报告》《寻乌调查》《反对本本主义》……党史上这些历久弥新、至今仍熠熠生辉的经典名篇，无不建立在深入调查研究的基础上。从石库门到天安门，从兴业路到复兴路，马克思主义中国化重大成果的取得，新民主主义革命道路、社会主义革命道路、社会主义建设道路、中国特色社会主义道路的开辟和不断拓展，无不是以调查研究为前提、为依据的。回顾我们党的发展历程可以清楚地看到，什么时候全党从上到下重视并坚持和加强调查研究，党的工作决策和指导方针符合客观实际，党的事业就顺利发展。

没有调查就没有发言权，没有调查就没有决策权。党的十八大以来，以习近平同志为核心的党中央高度重视调查研究工作，将深入调查研究作为开展工作、出台政策、制定战略的“先手棋”。中央八项规定的第一条，便是改进调查研究。深山小院的欢歌笑语，农家账本的细致追问，进工厂车间寻计问策，到科研院所集思广益……山一程、水一程，习近平总书记调查研究的足迹遍布祖国的山山水水。在湖南十八洞村调研，创造性提出“精准扶贫”理念；到江苏调研，首次公开将“全面从严治党”与全面建成小康社会、全面深化改革、全面推进依法治国一并提出；赴浙江调研后，首次正式提出“新发展格局”……习近平总书记身体力行、亲力亲为，为全党重视调研、深入调研、善于调研树立了光辉典范。

一语不能践，万卷徒空虚。党的二十大报告提出：“弘扬党的光荣传统和优良作风，促进党员干部特别是领导干部带头深入调查研究，扑下身子干实事、谋实招、求实效。”当前，世界百年未有之大变局加速演进，不确定、难预料因素增多，国内改革发展稳定面临不少深层次矛盾躲不开、绕不过，各种风险挑战、困难问题比以往更加严峻复杂，迫切需要通过调查研究把握事物的本质和规律，找到破解难题的办法和路径。对广大党员、干部而言，只有通过深入细致的调查研究，才能把握快速变动的实际，出实招、见实效。在全党大兴调查研究，坚持党的群众路线，坚持实事求是，坚持问题导向，坚持攻坚克难，坚持系统观念，必将汇聚攻坚克难、勇毅前行的强大力量。

新时代新征程，大兴调研之风、注重调研实效，矢志不渝、笃行不怠，我们就一定能多察实情、多解难题，努力创造不负时代、不负人民的实绩。

《人民日报》2023年3月28日第4版

调查研究　唯实为要

刘维涛

2023年3月，中共中央办公厅印发了《关于在全党大兴调查研究的工作方案》，并发出通知，要求各地区各部门结合实际认真贯彻落实。

调查研究是我们党的传家宝。在全面建设社会主义现代化国家开好局起好步的关键时刻，党中央号令全党大兴调查研究，是进一步激扬求真务实、真抓实干之风的重大部署，具有深远意义。广大党员干部要深学细悟笃行，做好一个“实”字，努力让党中央精神落地见效。

做好调查研究，必须发扬历史主动精神。政策和策略是党的生命。人民群众中蕴含的历史伟力能否激发出来、凝聚起来，与党能否制定代表人民群众根本利益的路线方针政策息息相关。要把群众意见集中起来形成正确的决策，就必须走好群众路线，深入群众做好调查研究。我们党每每在历史关头做出正确决策，团结带领人民从一个胜利走向一个胜利，靠的就是群众路线这一法宝。当前，我们又处在全党全国各族人民迈上全面建设社会主义现代化国家新征程、向第二个百年奋斗目标进军的关键时刻。党员干部必须提高政治站位，发扬历史主动精神，"身入"基层更要"心到"基层，通过深入、唯实的调查研究，准确把握客观实际，真正掌握规律，成为本职工作的行家里手，勇于为党和人民的事业应变局、开新局。

做好调查研究，必须直奔问题去。调查，就是掌握真实情况；研究，就要找到解决办法。调查研究的根本目的是解决问题。或带着问题去找办法，或在调研中发现问题，都得在积累了大量第一手材料后，进行一番交换、比较、反复的工作，找到事物的本质规律，找到解决问题的正确办法。目前国内外形势复杂严峻，迫切需要通过调查研究把握事物的本质和规律，找到破解难题的办法和路径。方案中列出了 12 个方面的调研内容，有的是重大问题，有的是重点问题，有的是具体问题，体现出鲜明的问题导向，具有极强的现实针对性。这就要求各地区各部门在具体实施中必须直奔问题去，实行问题大梳理、难题大排查，着力打通贯彻执行中的堵点淤点难点。

做好调查研究，必须拿出好作风。大兴调查研究，就是大兴实干之风，要取得实效，关键是反对“无实事求是之意，有哗众取宠之心”的各种形式主义、官僚主义作风。方案中提到的作秀式、盆景式和蜻蜓点水式调研，便是典型症状，必须旗帜鲜明反对，身体力行戒除。要坚决防止简单把任务交代给基层，把责任推卸给基层，只收材料、“摘果子”。调研变成了“调演”，不仅不解决问题，还加重基层负担，损害干部形象，影响干群关系。只有让调查研究的过程，成为促进领导干部正确认识客观世界、改造主观世界、转变工作作风、增进同人民群众的感情的过程，才能深切了解群众的需求、愿望和创造精神、实践经验，进而凝聚起干事创业的强大力量，把工作干到老百姓心坎上，交出更加优异的发展答卷。

《人民日报》2023 年 3 月 28 日第 19 版

以深化调查研究推动解决发展难题

洪银兴

习近平总书记在学习贯彻习近平新时代中国特色社会主义思想主题教育工作会议上强调："紧紧围绕高质量发展这个全面建设社会主义现代化国家的首要任务，以强化理论学习指导发展实践，以深化调查研究推动解决发展难题"。新时代新征程，我们所面临问题的复杂程度、解决问题的艰巨程度明显加大。要坚持问题导向，紧紧围绕高质量发展这个全面建设社会主义现代化国家的首要任务，努力作出符合中国实际和时代要求的正确回答，形成与时俱进的理论创新成果，更好推进中国式现代化伟大实践。

问题是创新的起点，也是创新的动力源。研究和解决我国经济问题，不能照搬照抄西方理论，食洋不化，而是要从我国经济发展实际出发，立足我国所处的发展阶段，清醒认识我国当前发展中需要解决的重大问题，以此为起点，分析问题、解决问题，不断推进理论创新和实践创新。比如，我国仍是发展中大国，已进入高质量发展阶段，人均国内生产总值接近高收入国家门槛，同时存在发展方式依然粗放、科技创新能力还不强、城乡区域发展和收入分配差距仍然较大、生态环境保护任务依然艰巨等问题。如何转变发展方式、优化经济结构、转换增长动力成为当前亟待解决的问题。又如，中国特色社会主义进入新时代，我国进入了新发展阶段。如何解决发展不平衡不充分问题，更好满足人民日益增长的美好生活需要，成为新阶段推动经济社会发展需要解决的重大问题。再如，我们已经踏上了全面建设社会主义现代化国家新征程，确立了到本世纪中叶把我国建成富强民主文明和谐美丽的社会主义现代化强国的宏伟目标。这意味着我们不仅要在经济、科技等方面赶上发达国家，而且要在促进人的全面发展和社会全面进步方面取得重要进展。如何实现这一宏伟目标，是推进中国式现代化需要解决的重大问题。此外，当今世界百年未有之大变局加速演进，我国发展的外部环境急剧变化，不确定难预料因素显著增多，尤其是以美国为首的西方国家对我实施全方位的遏制、围堵、打压，给我国发展带来前所未有的严峻挑战。在此背景下，如何维护我国产业链供应链安全稳定发展，也是我们必须面对的问题。这些都是时代考题，是我们在全面建设社会主义现代化国家进程中必须面对和解决的问题。

围绕高质量发展这个首要任务推进理论创新和实践创新，必须坚持问题导向，通过调查研究把握事物的本质和规律，找到破解难题的办法和路径；运用党的创新理论研究新情况、解决新问题、总结新经验、探索新规律。

深入调查研究推动高质量发展相关问题。高质量发展是全面建设社会主义现代化国家的首要任务。过去那种靠拼投入、拼资源、拼环境实现高速增长的经济发展方式已不可持续，亟待转变发展方式，推动高质量发展。我们要深入调查研究如何以创新、协调、绿色、开放、共享的内在统一来把握发展、衡量发展、推动发展，从而更好统筹质的有效提升和量的合理增长，加快实现以效率变革、动力变革促进质量变革，把发展成果不断转化为生活品质。

深入调查研究着力促进共同富裕相关问题。中国式现代化是全体人民共同富裕的现代化，共同富裕是中国特色社会主义的本质要求。随着我们完成脱贫攻坚、全面建成小康社会的历史任务，实现第一个百年奋斗目标，现在已经到了扎实推动共同富裕的历史阶段。党的二十大报告提出："着力促进全体人民共同富裕，坚决防止两极分化"。我们要始终把满足人民对美好生活的新期待作为理论创新的出发点和落脚点，聚焦如何提高发展的平衡性协调性包容性、如何扩大中等收入群体规模、如何促进基本公共服务均等化等问题开展深入调查研究，让现代化发展成果更多更公平惠及全体人民。

深入调查研究加快构建新发展格局相关问题。构建新发展格局是适应我国发展新阶段要求、塑造国际合作和竞争新优势的必然选择。要深化对畅通国内大循环的研究，助力打通阻碍国内大循环的堵点、卡点。从需求侧看，要聚焦完善收入分配制度、健全社会保障体系等，深入调查研究如何夯实扩大消费的基础，让老百姓能消费、愿消费、敢消费。从供给侧看，要聚焦提高供给体系对需求变化的适配性等，深入调查研究如何进一步深化供给侧结构性改革、加快突破关键核心技术“卡脖子”问题，如何加快建设现代化产业体系、构建优质高效的服务业新体系、促进数字经济和实体经济深度融合；等等。同时，要重视促进国内国际循环顺畅联通。

深入调查研究高水平对外开放相关问题。以开放促改革、促发展，是我国发展不断取得新成就的重要法宝。要深入调查研究如何深度参与全球产业分工和合作，稳步拓展规则、规制、管理、标准等制度型开放；如何深化国际科技交流合作，主动布局和积极利用国际创新资源，形成国际合作和竞争新优势；如何维护多元稳定的国际经济格局，形成具有全球竞争力的开放创新生态；如何积极参与全球经济治理体系改革，推动完善更加公平合理的国际经济治理体系；如何统筹好发展和安全，有效防范化解各类风险挑战，实现高质量发展和高水平安全的良性互动。

《人民日报》2023年4月13日第9版

调查研究要奔着问题去

孟祥夫

中办印发《关于在全党大兴调查研究的工作方案》，明确要求坚持调查研究的问题导向，并梳理了12个方面的重点问题、具体问题、老大难问题，为全党开展调查研究划出了重点。

习近平总书记在党的二十大报告中强调："我们要增强问题意识，聚焦实践遇到的新问题、改革发展稳定存在的深层次问题、人民群众急难愁盼问题、国际变局中的重大问题、党的建设面临的突出问题，不断提出真正解决问题的新理念新思路新办法。"

问题是时代的声音。以"问题导向"引领"调研方向"，是我们党一以贯之的优良传统。中国共产党人干革命、搞建设、抓改革，从来都是为了解决中国的现实问题。而要找准问题、解决问题，必须进行全面深入的调查研究，寻求源头活水，获得真知灼见。

老老实实聚焦问题。回避问题不仅不能解决问题，还会让问题越积越多。情况越复杂、矛盾越突出，群众寻求帮助和解决的心理越迫切。在实际工作中，一些党员干部的作风能力与群众的期盼和要求比还存在差距。有的在调研中预设框框、回避矛盾；有的按规定路线走马观花，看精心准备的样板，听照本宣科的汇报；有的拿较容易解决的问题“开刀”，去工作基础较好的地方“蹲点”……没有问题意识，没有目标导向，调研就会“盲人骑瞎马”，最终两手空空，徒增基层负担。只有一开始就聚焦真问题，才能看到别人看不到的实情，发现别人没发现的契机，找到解开难题的金钥匙。

认认真真分析问题。发现问题、了解问题后，一项重要的工作是认真研究和分析问题。如果光调查不研究，或找出问题后束之高阁，调研就会“烂尾”，失去其意义。一旦掌握问题，必须下一番功夫深入分析，由表及里，去粗取精，去伪存真，广泛听取专家意见，充分论证研究，提出解决问题的办法，形成推动发展的“施工图”。

扎扎实实解决问题。调研的根本目的在于解决问题，在于成果转化。在这方面，习近平总书记为全党树立了光辉典范。在厦门工作时，习近平同志组织100多人做了发展战略的研究，围绕三个基本问题，进行了21个专题调研，牵头编制的厦门发展战略，成为中国地方政府最早编制的一个纵跨15年的经济社会发展战略规划。在福州工作时，习近平同志全民动员、问计于民，万人答卷、千人调研、百人论证，主持编制的“3820”战略工程十易其稿，科学谋划了福州3年、8年、20年的发展目标……一项项科学政策的实施，都是充分调研的结果，都解决了改革和发展中遇到的特定难题。

能不能真正解决问题，群众满意不满意，是检验调研科学性、有效性的评判标准。对短期能够解决的，立行立改、马上就办；对一时难以解决、需要持续推进的，明确目标，紧盯不放，一抓到底，做到问题不解决不松劲、解决不彻底不放手。

当前，国内改革发展稳定面临不少深层次矛盾躲不开、绕不过，各种风险挑战、困难问题比以往更加严峻复杂。面对新情况、新问题、新挑战，广大党员干部要起而行之，到一线去、到困难多的地方去，到群众需要的地方去，沉到底、谋实策，推动问题一项项解决。

《人民日报》2023 年 4 月 11 日第 19 版

调查研究要端正态度

赵庆安

习近平总书记强调:“调查研究是谋事之基、成事之道，没有调查就没有发言权，没有调查就没有决策权。”党的十八大以来，以习近平同志为核心的党中央高度重视调查研究工作，把改进调查研究作为中央八项规定的第一条。中办印发《关于在全党大兴调查研究的工作方案》，对党员干部开展调查研究提出了重要要求。“欲事立，须是心立。”开展调查研究，首先要端正态度。以正确态度和科学方法进行调查研究，沉下心气、投入心力，才能察得实情、取得实效，调有所得、研有所获。

开展调查研究，要有实事求是的态度。毛泽东同志指出:“一切结论产生于调查情况的末尾，而不是在它的先头。”调查研究之前，确定主题、制定具体方案是十分必要的，但结论一定是在调查研究之后、在科学分析研究基础上产生的。不能对调查得来的材料作主观裁剪拼凑，而要一切以事实为依据，在对材料进行全面综合分析研究的基础上深化认识，寻找解决问题的办法。

搞好调查研究，要树牢群众观点，坚持从群众中来，到群众中去。习近平总书记指出：“人民群众的社会实践，是获得正确认识的源泉，也是检验和深化我们认识的根本所在。”党的十八大以来，习近平总书记走遍 14 个集中连片特困地区，走进贫困户的家里，直接听取贫困地区干部群众意见，在深入调查研究的基础上提出精准扶贫战略，不断完善扶贫思路和举措，带领全党全国各族人民打赢脱贫攻坚战。

开展调查研究，要真懂、真信群众是真正的英雄这个历史唯物主义的真理，眼睛向下、脚步向下，放下架子、扑下身子，真正和人民群众打成一片，倾听他们的呼声，体察他们的情绪，总结他们的经验，汲取他们的智慧，既听顺耳话也听逆耳言，赢得人民群众信任，真正把情况摸清、摸实、摸透。

当前，改革发展稳定面临的问题越来越复杂，人民群众的需求更趋多样化。调查研究要想有所收获，没有

“钻”的精神和态度，不下一番细致深入的功夫是不行的。既要“身入”基层，也要“心到”基层，抓住主要矛盾和矛盾的主要方面往深里“钻”，逐步达到对事物本质的正确认识，避免浮在表面、流于形式。在这方面，我们党积累了很多有益经验和做法。比如，蹲点调研、解剖麻雀式调研就是十分有效的调研方式，我们要结合新的时代条件和具体工作要求将其运用于调查研究。细致深入的功夫要贯穿调查和研究两个环节。对调查得来的大量材料和情况，要进行一番交换、比较、反复的工作，由此及彼、由表及里，对问题进行深入分析，透过现象看到本质、找到规律，在此基础上作出正确决策。

调查研究的成效最终要体现在问题的解决上。以问题为导向，是开展调查研究应树立的正确态度。从贯彻新发展理念、构建新发展格局、推动高质量发展中的重大问题，到人民最关心最直接最现实的利益问题，全面从严治党中的重大问题……《关于在全党大兴调查研究的工作方案》从12个方面明确了调研内容，每一项都奔着问题去。开展好调查研究，要真研究问题、研究真问题，不仅要“看病”，还要“开方”。对调查研究中发现的问题要研究透彻，找准根源和症结，形成解决问题、促进工作的思路办法和政策举措。还要注意加强对调研课题完成情况、问题解决情况的督查督办和跟踪问效，使每一次调查研究的过程都成为推动问题解决、推动事业发展的过程。

《人民日报》2023年4月19日第9版

把调查研究做深做实

向贤彪

院坝会上，乡镇干部和村民围坐在一起拉家常、话农事，大家无拘无束、侃侃而谈；走村串户，机关干部不打招呼、直奔现场，认真倾听群众意见建议，仔细记录……广大党员、干部深入实际、深入基层、深入群众，扎实开展调查研究，扑下身子干实事、谋实招、求实效。这样的调研，既有益于解决问题，也密切了干群关系。

调查研究是谋事之基、成事之道，没有调查就没有发言权，没有调查就没有决策权。把调查研究做深做实，需要下一番功夫。习近平总书记指出：“群众的很多想法，往往不是在那些很正式的场合、当着很多人的面会讲出来的，而是要同他们身挨身坐、心贴心聊才能听得到。”调查研究要用心用情，既要身入，更要心至。

身挨身坐，才能拉近心与心的距离。在北京考察调研时，沿着弯曲狭窄的通道走进雨儿胡同的大杂院，听取老街坊对老城区改造的想法；来到四川大凉山深处的土坯房，同大伙儿围坐在火塘边谋划精准脱贫之策；在甘肃定西元古堆村，走进村民马岗家破旧低矮的土坯房……顶风雪、踏泥泞、听真话、察真情，党的十八大以来，习近平总书记一次次倾听民声、一次次问计于民，为全党重视调研、深入调研、善于调研树立了光辉典范。调查研究就是要“和群众坐一条板凳”，让群众打开话匣子、说出真心话。坐上老乡炕头，有了拉家常的氛围，大家就愿意掏心窝子。

心贴心聊，才能听到最真实的声音。开展调查研究，就要让调查对象讲真话、讲实话、讲心里话，进而察实情、取真经。从某种意义上说，这是坐在办公室里得不到、通过文件材料也不易看到的。脚下沾有多少泥土，心中就沉淀多少真情。下高楼、出深院，走进工厂车间、田间地头、校园课堂、居民社区，敞开心扉、深入交流，才能把握群众所思所想所盼，收获原汁原味的意见建议。因此，必须识民情、接地气，真正把群众面临的问题发现出来，把群众的意见反映上来，把群众创造的经验总结出来。

开展调研，营造良好氛围、让群众想讲愿讲是前提，发现问题、解决问题才是最终目的。调查研究不仅要全面深入细致地了解实际情况，更要善于分析矛盾、发现问题、解决问题。衡量调查研究搞得好不好，不是看调查研究的规模有多大、时间有多长，也不光看调研报告写得怎么样，关键要看调查研究的实效，看调研成果的运用，看能不能把问题解决好。不解决问题就是形式主义。更加有的放矢地进行调查研究，真正把情况摸清、把问题找准、把对策提实，不断提出真正解决问题的新思路新办法，才能使调查研究工作同中心工作和决策需要紧密结合起来，提高决策科学化水平，以调研实效解决群众的烦心事、操心事、揪心事。

做好调查研究，考验的是工作作风，厚植的是人民情怀。前进道路上，练好调查研究基本功，多一些“身挨身坐、心贴心聊”的调研，我们必将密切与人民群众联系，增进与人民群众感情。

《人民日报》2023 年 5 月 10 日第 4 版

在深、实、细、准、效上下功夫
学好调查研究这门必修课

陈远章

调查研究是我们党的传家宝，是做好各项工作的基本功。习近平总书记指出“调查研究是谋事之基、成事之道，没有调查就没有发言权，没有调查就没有决策权”，强调“坚持从实际出发，前提是深入实际、了解实际，只有这样才能做到实事求是。要了解实际，就要掌握调查研究这个基本功”。翻开《之江新语》，打头第一篇就是《调研工作务求“深、实、细、准、效”》。我们要深入学习贯彻习近平总书记关于调查研究的重要论述，弘扬党的优良传统，在调查研究中务求“深、实、细、准、效”，不断提高解决问题、推动发展的能力。

调查研究必须求“深”。习近平总书记指出：“要带头抓好调查研究，深入实际、深入群众”。求“深”，才能真正把群众面临的问题发现出来，把群众的意见反映上来，把群众创造的经验总结出来。否则，就抓不到真实情况、深层次问题，就容易犯主观主义错误。基层是最大的课堂，群众是最好的老师。只有走进基层，拜人民为师，调查研究才会深入。要多到群众意见多的地方去，多到工作做得差的地方去，深入调研群众急难愁盼问题，真正把好事实事做到群众心坎上。

调查研究必须求“实”。习近平总书记指出：“调查研究千万不能搞形式主义”。调查研究不扎实、装样子，决策就会出问题。必须弘扬求真务实的作风，不搞浮光掠影、人到心不到的“蜻蜓点水”式调研，坚决反对在调查研究中走马观花、浅尝辄止、一得自矜、以偏概全，草率地下结论、做判断。中央八项规定明确要求：“中央政治局全体同志要改进调查研究，到基层调研要深入了解真实情况”“切忌走过场、搞形式主义”。党的十八大以来，习近平总书记多次深入基层调研，以身作则，为全党树立了调查研究的光辉典范。

调查研究必须求“细”。习近平总书记指出：“开展深入细致的调查研究，抓住老百姓最急最忧最怨的问题，解决好群众最关心最直接最现实的利益问题”。在湘西十八洞村，习近平总书记走进黑黢黢的木屋，深入了解群众生活状况，提出“精准扶贫”战略构想；在青海考察时，习近平总书记踩着泥泞走进建设中的班彦新村，翻看扶贫手册和贫困户精准管理手册……求“细”，就是认真听取各方面的意见，深入分析问题，全面掌握情况，不断提高见微知著的敏锐性和洞察力。广大党员干部要在求“细”中倾听人民群众的呼声，体察人民群众的情绪，总结人民群众的经验，汲取人民群众的智慧。

调查研究必须求“准”。习近平总书记指出：“我们要保持战略定力，坚持问题导向，因势利导、统筹谋划、精准施策”。求“准”，不仅要全面深入了解实际情况，更要善于分析矛盾、发现问题，透过现象看本质，把握规律性的东西。调查研究包括调查和研究两个阶段，既要了解“是什么”“怎么样”，又要回答“为什么”“怎么办”。要把“准”的要求贯穿调查和研究两个环节，在详细占有材料的基础上，通过交换、比较、反复，进行去粗取精、去伪存真、由此及彼、由表及里的思考、分析、综合，得出规律性认识，找到解决问题的正确办法。

调查研究必须求“效”。习近平总书记指出：“衡量调查研究搞得好不好，不是看调查研究的规模有多大、时间有多长，也不是光看调研报告写得怎么样，关键要看调查研究的实效，看调研成果的运用，看能不能把问题解决好。”求“效”，就要坚持问题导向，增强问题意识，以解决问题为根本目的，提出解决问题的办法要切实可行，制定的政策措施要有较强操作性，做到出实招、见实效。我们要按照党中央《关于在全党大兴调查研究的工作方案》，紧紧围绕全面贯彻落实党的二十大精神、推动高质量发展开展调查研究，实行问题大梳理、难题大排查，着力打通贯彻执行中的堵点淤点难点，着力推动高质量发展。

《人民日报》2023 年 5 月 23 日第 9 版

加强改革调查研究

邹　翔

以下沉走访、座谈访谈等方式，了解基层改革发展实际情况；聚焦重点改革领域的堵点淤点难点问题，深入开展问题大梳理、难题大排查；认真查找短板弱项，为推动高水平对外开放谋实策……主题教育开展以来，各地区各部门坚持以习近平新时代中国特色社会主义思想为指导，以深化调查研究推动解决改革发展难题。

调查研究是谋事之基、成事之道。在新时代新起点上继续把全面深化改革推向前进，迫切需要加强调查研究。《关于在全党大兴调查研究的工作方案》明确，调研内容主要包括 12 个方面，其中之一就是“全面深化改革开放中的重大问题，重要领域和关键环节改革、推进高水平对外开放中的主要情况和重点问题”。二十届中央全面深化改革委员会第一次会议强调："要加强改革调查研究，多到矛盾问题集中的地方和部门去，深入基层、走进群众，体察实情、解剖麻雀，既深入研究具体问题，又善于综合各方面情况，在总体思路和全局工作上多动脑筋、多下功夫。"

习近平总书记指出："研究、思考、确定全面深化改革的思路和重大举措，刻舟求剑不行，闭门造车不行，异想天开更不行，必须进行全面深入的调查研究。"2012年12月，党的十八大后首次离京考察，习近平总书记来到广东，强调"在深入调查研究的基础上提出全面深化改革的顶层设计和总体规划"。号召深圳"先行示范"，推动上海浦东高水平改革开放，推动海南建设自由贸易港，赋予雄安更大改革自主权……谋划改革全局、推动改革实践，以调研开局、以调研开路，习近平总书记率先垂范，引领广大党员干部用好"传家宝"、做足"基本功"，掌握实情、科学决策、抓好落实。

发现问题、找准问题是解决问题的前提，调查研究有助于把握快速变动的实际，从根本上增强改革措施的科学性、针对性、实效性。离开了深入调研，就难言科学决策。廖俊波到福建省政和县任县委书记后，做的第一件事就是组织开展为期两个月的调研；黄文秀担任广西壮族自治区乐业县百坭村驻村第一书记之初，走访当时的全村 195 户贫困户，绘制“民情地图”。如今，交通通信手段越来越发达，获取信息的渠道越来越多，但都不能代替亲力亲为的调查研究。只有眼睛向下、脚步向下，扑下身子、沉到一线，身入基层、心到基层，真正把调查研究做深做实，才能找到事物的本质和规律，使改革举措更加符合实际、精准有效。

改革只有进行时，没有完成时。拿出更大的勇气、更实的举措推进全面深化改革，化解新征程上的风险挑战，尤应用好调查研究这把“金钥匙”。建设高标准市场体系还存在哪些体制机制障碍？科技创新体制机制存在什么不足？怎样加快建设更高水平开放型经济新体制？坚持问题导向、增强问题意识，扑下身子多到矛盾问题集中的地方和部门去，真正把情况摸清、把问题找准、把对策提实，推进改革发展就能事半功倍，战胜风险挑战就能更有底气。

2023 年是全面贯彻党的二十大精神的开局之年，也是改革开放 45 周年和党的十八届三中全会召开 10 周年。实现新时代新征程的目标任务，要把全面深化改革作为推进中国式现代化的根本动力，作为稳大局、应变局、开新局的重要抓手。坚定信心、汇聚合力，加强改革调查研究、深入推进改革创新，调动各方面改革积极性，定能推动全面深化改革取得更大突破、展现更大作为，书写新的璀璨篇章。

《人民日报》2023年6月5日第5版

调查研究是一门大学问

郭　祥

下高楼、出深院，走进工厂车间、田间地头、校园课堂、居民社区……学习贯彻习近平新时代中国特色社会主义思想主题教育开展以来，广大党员干部深入实际、深入基层、深入群众，以深化调查研究推动解决发展难题。

调查研究是我们党的传家宝，是做好各项工作的基本功。在学习贯彻习近平新时代中国特色社会主义思想主题教育工作会议上，习近平总书记强调，“要深入调查研究”“改进调研方式，力戒形式主义、官僚主义”“提高调研成果质量，切实把调研成果转化为解决问题、改进工作的实际举措”。调查研究是一门大学问，也是党员干部必须掌握的基本技能。只有不断提高调查研究能力，才能使各项决策和各方面工作更加符合实际情况、符合客观规律、符合人民意愿。

做好调查研究，必须掌握正确的方法。长期以来，我们在实践中形成了许多行之有效的调研方法，如召开座谈会、研讨会，走访调查、蹲点调查等。这些方法具有感受直接、体验深刻、互动性强等优点，应继续坚持。与此同时，我们也要结合新情况新变化，不断改进调查研究的方法和手段，在努力提高调研对象的广泛性、调研内容的针对性、调研方法的科学性上下功夫，把传统调研方法和现代调研手段结合起来，把微观调查和宏观调查、定性分析和定量分析结合起来，不断提高调研工作的效率和调研成果的质量。

做好调查研究，必须深入基层，深入了解情况。一方面，既要“身入”基层，更要“心到”基层，踏踏实实沉下去，听真话、察真情，真研究问题、研究真问题。另一方面，要做好调查研究的前期准备工作。准备工作做得越充分、越扎实，调研成果质量就越高，提出的对策就越有针对性。调研之前，要对调研对象的基本情况有所了解，对相关领域的知识有所储备，如此，才能发现真情况、提出真问题，拿出有价值的解决方案。

开展调查研究就是走群众路线，要树牢群众观点、站稳群众立场，真诚倾听群众呼声、真实反映群众愿望、真情关心群众疾苦。衡量调查研究搞得好不好，不是看调查研究的规模有多大、时间有多长，也不是光看调研报告写得怎么样，关键要看调查研究的实效，看调研成果的运用，看能不能把问题解决好。要勇于到群众意见多的地方去，到困难较多、情况复杂、矛盾尖锐的地方去，使调查研究既成为发现问题、解决问题的过程，也成为密切联系群众、巩固党执政的群众基础的过程。

调查研究不仅是一种工作方法，而且是关系党和人民事业得失成败的大问题。广大党员干部要掌握调查研究这个基本功，研究好这门大学问，不断提升看问题的眼力、谋事情的脑力、察民情的听力、走基层的脚力，让调查研究真正成为转变工作作风、密切联系群众、提高履职本领、强化责任担当的有效途径。

《人民日报》2023 年 6 月 13 日第 5 版

在调查研究中提高履职本领

蔡礼强

推进中国式现代化这项前无古人的伟大事业，对领导干部能力素质提出了更高要求。习近平总书记指出："调查研究是谋事之基、成事之道，没有调查就没有发言权，没有调查就没有决策权。"领导干部不断提高履职本领，非常重要的一个方面就是通过调查研究把握事物的本质和规律，找到破解难题的办法和路径。

正确认识世界是改造世界的前提。无论开展何种工作，都要建立在对客观实际情况正确认识的基础之上。"要了解实际，就要掌握调查研究这个基本功。"通过调查研究，真正摸清本地区本部门本单位的实际情况，查明存在的突出问题，了解基层群众的愿望和想法，做到耳聪目明、心中有数，开展工作才能张弛有度、收放自如。毛泽东同志曾说："人们要想得到工作的胜利即得到预想的结果，一定要使自己的思想合于客观外界的规律性，如果不合，就会在实践中失败。"不进行调查研究或调查研究不深入，就无法使主观认识符合客观实际、主观判断遵从客观规律，在工作中就会遭遇挫折。要把调查研究作为做好工作的必修课，在调查研究中不断提高认识能力，通过扎实细致的调查、系统深入的研究，把群众面临的问题发现出来，把群众的意见反映上来，把群众创造的经验总结出来，认识事物本质、把握工作规律，更加主动、更富前瞻性地开展工作。

习近平同志在福建工作期间，为改变福建是林业大省、广大林农却守着"金山银山"过穷日子的状况，解决产权归属不清等体制机制问题，在深入调查研究的基础上推动实施林权制度改革。抓住"山要怎么分""树要怎么砍""钱从哪里来""单家独户怎么办"等难题深入调研、反复论证，推出有针对性的改革举措，形成了全国第一个省级林改文件。调查研究是领导干部提高科学决策能力的重要途径。只有深入调查研究，才能了解实际情况，总结基层经验，为作出正确决策创造条件。基层实践是最丰富最生动的实践，群众中蕴藏着无穷的智慧和力量。跑基层多了，情况自然了然于胸；跟群众交流多了，就能找到解决问题、克服困难的办法。要多一些现场看、当面听、直接问，倾听“八面来风”，谋定而后动，把决策建立在扎实的调研基础上。当然，调查研究不能止步于决策制定阶段，而要贯穿于决策制定、实施、监督、评价等各个环节。决策在执行中是否符合群众利益和需要，有没有偏差和失误，只有通过调查研究才能准确掌握。领导干部要迈开步子、走出院子，向群众宣传解释政策意图，及时掌握群众反馈，针对实施中的问题作出整改，使调查研究既成为制定科学决策的过程，也成为推动工作的过程。

党的二十大对推进中国式现代化作出了全面部署，如何让这些部署落地生根、开花结果，考验着领导干部抓落实的能力。调查研究之风，也是崇尚实干、狠抓落实之风。调查研究蔚然成风，不实作风就会大大减少，抓落实的成效就会明显提高。也只有通过调查研究，才能把党中央决策部署细化为本地区本部门的工作任务，拿出既符合党中央精神又符合本地区本部门实际情况的落实方案，避免简单化、机械化、形式化地抓落实。要以贯彻党中央决策部署为前提，坚持眼睛向下看、身子往下沉，深入调研、精准发力，及时了解各类新情况、新问题，干实事、谋实招、求实效，把改革发展稳定的各项任务落下去，让惠及百姓的各项工作实起来。

《人民日报》2023 年 7 月 4 日第 9 版

调查研究助力青年人更好成长

向子丰

调查研究是我们党的传家宝，是做好各项工作的基本功。青年人要重视调查研究，在学好书本知识、掌握专业技能的同时，还要掌握调查研究的本领，及时填知识空白、补素质短板、强能力弱项。

如何做好调查研究？习近平总书记强调，“改进调研方式，力戒形式主义、官僚主义”“提高调研成果质量，切实把调研成果转化为解决问题、改进工作的实际举措”。青年人做调查研究既符合普遍性的规律，也有自己的特点；既有容易忽略的短板，也有自己的强项。应当进一步补弱项、缩差距、提质量，不断提高专业化水平，将调查研究落到实处。

做好调查研究，要坚持问题导向，增强问题意识，善于发现问题，勇于解决问题。由于经验不足，青年人在学习成长的过程中会遇到许多困惑。除了向书本寻求知识、向前辈寻求答案，还可以自己动手，开展有针对性的调查研究。2023年，人民日报社40名青年采编人员赴河北省滦平县、河南省虞城县驻村蹲点调研半月。怎样全面推进“五个振兴”？产业振兴这个“重中之重”如何突破？巩固拓展脱贫攻坚成果的“底线任务”咋兜牢？带着这些问题，青年采编人员对乡村振兴有了更深入的理解，调研归来都纷纷表示收获良多。面对问题迎难而上，根据实际情况展开调查研究，往往会有意想不到的收获。

做好调查研究，要实地调查、深入研究，有机会就要多走出图书室、教研室、办公室，走向田间地头、企业车间、城市社区，倾听人民群众的声音。黄文秀担任广西壮族自治区乐业县百坭村驻村第一书记之初，走访当时的全村195户贫困户，绘制“民情地图”；甘肃省华池县原挂职副县长邱军，在初到华池的一个多月走遍了全县15个乡镇、75个行政村，不仅理清了思路，还学会了当地方言；航天团队中的年轻人为了实现每一次飞行器试验的成功，即使试验结果只存在1毫秒的偏差，也要从根源上解决问题……调查研究要严谨，要科学，更要实干。“纸上得来终觉浅，绝知此事要躬行。”多多借助基层的力量，可以更好地学习和理解书本上的知识，形成行之有效的好做法、好经验。

做好调查研究，要掌握好方法，制定切实的调查方案，让调研取得扎实的成效。当下的年轻人，尤其是互联网时代的青年，是伴随着网络发展成长起来的一代人。因此，除了掌握传统的调查研究方法外，还应利用好网络渠道，做好新条件新形势下的网络交流互动，利用网上问卷、视频连线、大数据分析等新方法进行沟通传播和分析总结，把线上和线下调研有机结合起来，提高调研效率，更深刻、充分、有效地反映问题和群众意愿。

习近平总书记在内蒙古考察时强调要“大兴务实之风”。青年人更要俯下身子、扎根一线，扎扎实实地做调查，勤勤恳恳地搞研究，多到困难多、群众意见集中、工作打不开局面的地方和单位调研，真正把情况摸清、把问题找准、把对策提实，在调查研究中不断提高工作本领。

《人民日报》2023年8月6日第7版

增强历史思维

在调查研究中用好地方志

邱然 易飞

习近平总书记指出：“调查研究是谋事之基、成事之道，没有调查就没有发言权，没有调查就没有决策权。”调查研究是深入开展学习贯彻习近平新时代中国特色社会主义思想主题教育的重要内容。调查研究的方法有很多，其中包括文献调研法。文献调研法就是围绕特定的调研主题与问题，搜集和分析研究各种现存的文献资料，从中选取信息，以达到调研目的。在文献资料中，地方志是非常重要的内容。地方志被誉为“一地之百科全书”“一方之全史”，具有存史功能，能将一定地域内的自然、经济、政治、文化、社会和民俗等方面的历史和现状用文字记录下来、保存下去，供今人和后人查阅参考；具有资治功能，能为领导干部和决策机构科学决策提供依据。

早在地方工作时，习近平同志就有细读地方志的习惯。习近平同志在福建工作时指出："我们这样看情况、听汇报是不够的，还要看历史。一个县的历史最好的体现就是县志，府志则更为全面，里面既写正面人物，也写反面人物，我们一看就知道这个地方发生过什么事，可以从中有所借鉴。"习近平同志到浙江工作后，每到一地调研，都会让当地准备县志，往往翻阅至后半夜，第二天与大家的交流座谈也经常以县志里的内容为话头。习近平同志履新上海不久，就让市委办公厅找相关部门给他提供一套上海地方志。习近平总书记在2022年春季学期中央党校（国家行政学院）中青年干部培训班开班式上，要求党员干部干事创业必须实事求是、求真务实，并且举了1941年8月毛泽东同志主持起草《中共中央关于调查研究的决定》的例子。习近平总书记指出："这个决定还提出了不少调查研究的具体方法，包括邀集有经验的人开调查会，个别口头询问，收集县志、府志、省志、家谱加以研究等。这些要求和方法，至今仍然具有重要启示意义。”习近平总书记的重要论述，为我们在调查研究中发挥好地方志作用提供了重要遵循。

用好地方志有利于参考历史信息。调查研究旨在把情况摸清、把问题找准、把对策提实，通过正确决策真正把问题解决好。作出正确决策，既需要加强现实研究，也需要参考历史信息。充分发挥地方志的作用，增强历史思维做调查研究，不仅可以看到“现在”，还能参照“从前”，更能以史为鉴决策“未来”。

用好地方志有利于汲取治理智慧。古人云：“治天下者以史为鉴，治郡国者以志为鉴。”地方志记录前人处理政事的得失，兴亡成败尽在其中。在调查研究中，将下沉一线时看到的听到的，与地方志记录的先贤治理地方的智慧和经验结合起来，有利于领导干部“鉴览得其要”“发施得其宜”，正确地指导工作，不断提高解决问题的实效。

用好地方志有利于提升自身修养。史学家章学诚说：“史志之书，有裨风教者，原因传述忠孝节义，凛凛烈烈，有声有色，使百世而下，怯者勇生，贪者廉立。”领导干部在调查研究时阅读地方志，除了能对当地流传史册的历史名人、民俗民风有更深刻的了解，还能对标先贤涵养品格。阅读地方志能让我们明白做什么样的人、做什么样的官才会永存史册，才会让老百姓念念不忘。要以地方志中的先进人物为楷模、以反面典型为鉴戒，不断提升自我修养。

《人民日报》2023年8月8日第9版

调查研究关键看实效

曾军顺

随着学习贯彻习近平新时代中国特色社会主义思想主题教育深入开展，全党大兴调查研究，积极运用党的创新理论研究新情况、解决新问题、总结新经验、探索新规律，有力推动各项工作取得新成效。

“搞好调查研究必须多层次、多方位、多渠道地调查了解情况”“衡量调查研究搞得好不好，不是看调查研究的规模有多大、时间有多长，也不是光看调研报告写得怎么样，关键要看调查研究的实效，看调研成果的运用，看能不能把问题解决好”。调查研究的要义是发现问题、解决问题。询问技术人员机械的工作原理、购买价格、插秧效率，向出租车司机征询对年节打车难的解决办法，走进六盘山区破矮的土坯房舀起一瓢水尝尝水质……习近平总书记每到基层考察调研，总会从最细微的事项问起、从贴近民生的细节入手，确保“真真实实把情况摸清楚”。实践告诉我们，在调查研究中善于以小见大，以小视角、小切口观照全局，有助于解决人民群众急难愁盼问题，用切实有效的具体措施推动工作作风改变、工作效能提升。

易忽视的工作细节、易梗阻的工作流程、容易“灯下黑”的身边小问题，都可以成为调研题目，成为关注问题的切入点。这些事情可能看起来并不重大，却并不意味着不重要。调查研究没有“统一动作”，也不存在“固定领域”。立足现实国情，审视各项具体工作，只要是惠民生、暖民心、顺民意的事情，都应该研究透、经办好。

真研究问题，研究真问题，要到群众中去，掌握一手资料。经常走出办公室，深入实际、深入基层、深入群众，进行各种形式和类型的调查研究，有益于促进领导干部正确认识客观世界、改造主观世界、转变工作作风、增进同人民群众的感情。周末骑上自行车下乡随访民情，借逛菜市场、水果店的工夫了解民意，在本地网络社区听取民声……进一步拓展调研渠道、丰富调研手段、创新调研方式，真正把功夫下到拜人民为师、向人民学习上，下到察实情、出实招、办实事、求实效上。只有把真实情况摸清楚，真切了解人民群众的所思所盼所忧所虑，把解决问题的好招实招提出来，调查研究才能做到出实招、见实效。

调查研究是基本功，必须抓在经常、融入日常、做在平常。党员干部经常开展调查研究，提高发现问题、研究问题、解决问题的能力，涵养密切联系群众、一切从实际出发的优良作风，开展各项工作就有了良好的基础。

《人民日报》2023 年 8 月 28 日第 4 版

从人民群众的创造中汲取理论创新智慧

李正兴

在《干在实处　走在前列》一书的自序中，习近平同志提到自己“坚持调研开局、调研开路，凡事眼睛向下，先当学生，不耻下问，问计于基层、问计于群众，每年至少用三分之一以上时间深入基层和部门调查研究”。这充分体现出尊重人民群众首创精神、甘当人民群众小学生的深厚情怀。

人民是历史的创造者，也是时代的创造者。习近平总书记在中共中央政治局第六次集体学习时强调：“要注重从人民群众的创造中汲取理论创新智慧。”这既是对我们党百余年来理论创新经验的深刻总结，又为新的历史条件下继续推进党的理论创新指明了重要途径。

人民的创造性实践是理论创新的不竭源泉。一切脱离人民的理论都是苍白无力的，一切不为人民造福的理论都是没有生命力的。马克思主义不是书斋里的学问，而是为了改变人民历史命运而创立的，是在人民求解放的实践中形成的，也是在人民求解放的实践中丰富和发展的。中国共产党的根基在人民、血脉在人民、力量在人民，党的理论是来自人民、为了人民、造福人民的理论。

《红星照耀中国》的作者埃德加·斯诺曾感慨，中国共产党总能从大多数人民群众中汲取力量。在革命、建设、改革各个历史时期，我们党始终尊重人民群众的主体地位和首创精神，注重及时发现、总结人民创造的新鲜经验，在实践中坚持和发展马克思主义，为党和人民事业发展提供与时俱进的科学理论指导。我们党推进马克思主义中国化时代化的理论创新成果，无不源自人民的智慧、人民的探索、人民的创造，是党和人民实践经验和集体智慧的结晶。历史和实践都启示我们，要在理论上不断有所创新和创造，必须深深扎根于人民群众的创造性实践，注重从人民群众中汲取智慧和力量。

从人民群众的创造中汲取理论创新智慧，必须始终践行党的群众路线。习近平总书记指出："继续推进党的理论创新必须走好群众路线，决不能闭门造车、坐而论道、流于空想。”只有自觉践行群众路线，理论创新才能接地气、聚民智，理论成果才能顺民意、得民心。一方面，坚持从群众中来，尊重人民群众首创精神，充分激发人民群众中蕴藏的智慧和力量，注重从人民群众的创造性实践中总结新鲜经验，上升为理性认识，提炼出新的理论成果。另一方面，坚持到群众中去，坚持理论创新和理论武装同步推进，着力让党的创新理论深入亿万人民心中，转化为广大群众的自觉行动，让党的创新理论成果发挥指导实践、推动工作的重大作用。

调查研究是我们党的传家宝，是做好各项工作的基本功。开展调查研究就是坚持实事求是，就是对群众路线的践行。通过调查了解真实情况和各种问题，并在调查的基础上进行深入细致的思考，找到事物的本质和规律，找到解决问题的办法。广大党员干部要带头深入实际、深入基层、深入群众，自觉拜人民为师，虚心向群众学习，在回应群众关切中找准问题，从人民的创造性实践中获得正确认识，在汇集人民智慧中提炼新鲜理论，不断推进实践基础上的理论创新。

过去的辉煌属于人民，未来的征程依靠人民。世界之变、时代之变、历史之变正以前所未有的方式展开，中国共产党人有能力、有责任揭示其中所蕴含的历史经验和发展规律。我们要始终坚持人民至上、站稳人民立场、把握人民愿望、尊重人民创造、集中人民智慧，不断推进理论创新，努力创造为人民所喜爱、所认同、所拥有的理论成果，为发展马克思主义作出中国的原创性贡献。我们要有这样的理论自觉，更要有这样的理论自信。

《人民日报》2023年9月21日第9版

把问题意识贯穿调查研究始终

廉 思

调查研究是我们党的传家宝，是做好各项工作的基本功。习近平总书记高度重视调查研究工作，强调“增强问题意识、坚持问题导向”。《关于在全党大兴调查研究的工作方案》也明确提出，“敢于正视问题、善于发现问题”。做好调查研究，需要把问题意识、问题导向贯穿始终，不断发现问题、找准问题、解决问题。

调查研究应综合考虑各方面群众的不同利益诉求，将群众的诉求放在整个社会体系和改革进程中把握，统筹把握局部利益和社会整体利益、短期利益和长期利益。问题意识要求我们不能只做材料的“统计师”“收集员”，而要做“分析师”“研究员”。充分运用系统观念、辩证思维，准确判断材料的价值和意义，才能在此基础上做出正确决策。

做好调查研究，要发现真问题。所谓真问题，是指那些客观存在、具有一定现实意义、别人没有研究过或研究还不深入、尚未得到有效解决的问题。调研过程中，面对大量第一手资料，需要具备发现问题的“慧眼”，聚焦实践遇到的新问题、改革发展稳定存在的深层次问题、人民群众急难愁盼问题、国际变局中的重大问题、党的建设面临的突出问题，在纷繁复杂的现实中发现主要矛盾与矛盾的主要方面。

做好调查研究，需要设身处地倾听群众的难处和呼声，站在人民群众的角度想问题，从人民群众的立场出发解决问题。调查研究中，面对群众提出的种种意见，以兼听则明的心态虚心聆听，才能精准“把脉”工作中的不足。比如，处理问题方式不当造成的矛盾激化，对政策的宣传解释不到位产生的信息不对称，政策变化导致的新老政策差异等。多包容、多理解、多借力，才能明确解决问题、改进工作的实际举措。

问题意识并非天生具备，需要长期训练。党员、干部做调查研究，需在调研对象中“浸泡”。要养成问题意识，首先要扑下身子、深入基层，怀着“一枝一叶总关情”的真挚感情，和群众面对面说话、心贴心交流。其次，要到矛盾多、意见大、群众反映强烈的地方去，什么事“烦”就列入问题清单，什么事“难”就纳入攻坚范畴，摸清群众的急难愁盼问题。此外，还要和群众一起想、一起谋、一起干，让群众一起评、一起议，问计于民、问需于民，尊重人民群众首创精神，以解决问题为根本目的，真正把情况摸清、把问题找准、把对策提实，不断提出真正解决问题的新思路新办法。

调查研究是联系群众的重要途径和手段，也是增进与群众感情的机会和桥梁。我们要自觉把调查研究作为走好群众路线的必修课，不断解决现实中的各种问题矛盾，持续提升人民群众的获得感、幸福感、安全感，为经济社会高质量发展破除阻碍、注入动力。

《人民日报》2023年10月10日第5版

谋事之基　成事之道

余清楚

福建省龙岩市上杭县才溪镇，毛泽东才溪乡调查纪念馆前，9个红色大字“没有调查没有发言权”分外醒目。历史上，毛泽东同志三进才溪，进行了深入细致的调查研究，写下了《才溪乡调查》。细览《才溪乡调查》，通篇用事实、数据说话，没有多余的话，几乎没有形容词。笔者曾专程来到这里，听故事、看图片、学原著，老一辈革命家开展调查研究的身影仿佛就在眼前。

调查研究是我们党的传家宝。习近平总书记深刻指出“调查研究是谋事之基、成事之道”，多次强调“要在全党大兴调查研究之风”。主题教育开展以来，广大党员、干部从群众急难愁盼问题入手开展调查研究，把社情民意收集上来，把有效举措落实下去，用心用情为群众办实事、解难题。调查研究是转变工作作风、提高履职本领的有效途径，实践证明，“纸上得来终觉浅，绝知此事要躬行”。

调查研究是做好各项工作的基本功。山一程、水一程，顶风雪、踏泥泞，习近平总书记率先垂范、以身作则、亲力亲为，为全党重视调研、深入调研、善于调研树立了光辉典范。新时代以来，中国共产党人把调查研究与实践探索紧密结合起来，推动党和国家事业取得历史性成就、发生历史性变革。民生无小事，枝叶总关情。广大党员、干部应深入开展调查研究，注入深厚感情，真正为群众谋福祉。

必须坚持问题导向，增强问题意识，奔着问题调研，向着难处攻坚。研究、思考、确定全面深化改革的思路和重大举措，刻舟求剑不行，闭门造车不行，异想天开更不行。对于广大领导干部来说，开展调研要到群众意见多的地方去，到工作做得差的地方去，到困难较多、情况复杂、矛盾尖锐的地方去。同时，要多交几个能说心里话的基层朋友。不跟群众交朋友，不与群众打成一片，是不能为官一任、造福一方的。

调查研究要身深入、心融入。古人言:“故不登高山，不知天之高也；不临深溪，不知地之厚也”。当年，毛泽东同志为了准确摸清当时中国富农问题和商业情况，抽出近1个月时间，开调查会、进行实际调查，与农民、手工业者、商人等深入谈心，掌握了大量第一手材料，写出名篇《寻乌调查》。他说:“我的经验历来如此，凡是忧愁没有办法的时候，就去调查研究，一经调查研究，办法就出来了，问题就解决了。”今天，如果不愿调研、不会调研，即便到了基层，也只是走马观花、浅尝辄止、敷衍了事，怎么可能真正贴近群众，又何谈解决问题、赢得认可？

写调研报告是要有点水平的。调研报告必须是真实的、有价值的，务必言之有物、言之有理，不打官腔，拒绝套话。习近平同志在浙江工作时，就明确提出“主要领导干部要自己动手，每年撰写1至2篇有情况、有分析、有见解的调查研究报告”。调研报告绝不是为写而写，而是要真正摸清问题，把解决问题的思路和对策研究透，提出切实可行的具体措施，这是科学决策过程的重要一环。

走出纪念馆，只见闽西大地一片葱茏。此情此景，吟唱着苏区歌谣“苏区干部好作风，自带干粮去办公，日着草鞋干革命，夜打灯笼访贫农”，回顾才溪乡调查的光荣历史，矢志加强调查研究，心里更加亮堂起来。

《人民日报》2023 年 10 月 17 日第 4 版

厚植发展优势　找准转化路径

通过调查研究更好践行“两山”理念

祁　虹

重视调查研究是我们党的优良传统。习近平总书记高度重视调查研究，强调“调查研究是谋事之基、成事之道”。2005 年 8 月，时任浙江省委书记的习近平同志在浙江省安吉县余村调研时指出：“我们过去讲既要绿水青山，又要金山银山，实际上绿水青山就是金山银山。”如今，绿水青山就是金山银山理念已成为全社会的普遍共识。在全党开展学习贯彻习近平新时代中国特色社会主义思想主题教育，深入调查研究是一项重要内容。牢固树立和践行绿水青山就是金山银山理念，处理好高质量发展与高水平保护的关系，同样需要我们深入调查研究，找到影响高质量发展与高水平保护的问题所在，找准经济发展与环境保护协同共进的有效路径。

通过调查研究破解难题，厚植绿水青山生态优势。中共中央办公厅印发的《关于在全党大兴调查研究的工作方案》提出，围绕做好事关全局的战略性调研、破解复杂难题的对策性调研、新时代新情况的前瞻性调研、重大工作项目的跟踪性调研、典型案例的解剖式调研、推动落实的督查式调研，突出重点、直击要害，结合实际确定调研内容。其中就包括："牢固树立和践行绿水青山就是金山银山理念方面的差距和不足，推进美丽中国建设、保护生态环境和维护生态安全中的主要情况和重点问题。"我国幅员辽阔，不同地区发展条件、资源禀赋不同，生态问题成因复杂，生态保护任务量大面广。这就要求我们扎实深入开展调查研究，找到本地区需要着力解决的问题，探索出适合本地区的生态治理路径和模式。对于甘肃来说，要高度重视荒漠化、石漠化、水土流失等严重生态退化现象，通过深入细致的调查研究，充分论证分析，破解制约生态治理的痛点、堵点。吸收借鉴各地区各部门行之有效的生态保护修复新方法、新路子，将较为成熟、科学合理的调研成果及时转化为政策举措、工作办法。通过实施重要生态系统保护和修复重大工程，科学开展国土绿化，加快构建以国家公园为主体的自然保护地体系，不断提升生态系统多样性、稳定性、持续性。

通过调查研究联系群众，不断满足人民群众对优美生态环境的需要。良好的生态环境是最公平的公共产品，是最普惠的民生福祉。习近平总书记指出：“我们要积极回应人民群众所想、所盼、所急，大力推进生态文明建设，提供更多优质生态产品，不断满足人民日益增长的优美生态环境需要。”我们党坚持以人民为中心，把生态环境保护和建设作为重大民生工程，努力让人民群众在绿水青山中共享自然之美、生命之美。实现生态利民、生态惠民，不断满足人民群众优美生态环境需要，必须重视调查研究，沉下心来、扑下身子，和群众真正走到一起、打成一片，了解群众所需所想，让资源开发利用、环境治理保护、产业发展布局等都紧紧围绕提升人民生态福祉展开。要依靠人民建设生态文明，向群众学习，发挥群众智慧，让人民群众共同参与、共同建设、共同享有生态事业，把建设美丽中国转化为全体人民自觉行动，让人民群众都做生态环境的保护者、建设者、受益者。

通过调查研究因地制宜，拓展绿水青山转化为金山银山的有效路径。习近平总书记指出："要积极探索推广绿水青山转化为金山银山的路径，选择具备条件的地区开展生态产品价值实现机制试点，探索政府主导、企业和社会各界参与、市场化运作、可持续的生态产品价值实现路径。"推动绿水青山转化为金山银山，需要改造升级传统产业，发展战略性新兴产业、高新技术产业、现代服务业等，加快产业结构调整优化，推动形成绿色低碳的生产方式和生活方式。这些任务不可能一蹴而就。各地生态、资源、水文、气象条件不同，绿色发展方式也不尽相同。要通过调查研究，弄清绿水青山转化为金山银山的切实可行的路径、模式、条件，构建相应政策制度体系，坚持保护优先、合理利用，选择具备条件的生态产品价值实现机制，探索可持续的生态产品价值实现方式，真正让绿色成为高质量发展的鲜明底色。

《人民日报》2023年10月27日第9版

实实在在抓好
理论学习和调查研究

李浩燃

卸装、扫描、分拣，走街串巷投递，敲门收揽快件……为了更好服务新就业人群，有地方两新工委的工作人员换上统一工装，跟随快递员跑全程，进行一场零距离、体验式调研。亲眼看到所急所需，亲耳听到所想所盼，工作短板更明晰，服务自然更暖心……第二批学习贯彻习近平新时代中国特色社会主义思想主题教育开展以来，各地以扎实作风谋划举措、部署工作，采取务实管用的方式方法，推动主题教育走深走实。

大道至简，实干为要。习近平总书记在江西考察时，对总结运用第一批主题教育的成功经验、高质量开展第二批主题教育提出明确要求，指出“要把实的要求贯穿主题教育全过程，坚决防止和克服形式主义、官僚主义"，强调要"实实在在抓好理论学习和调查研究，实实在在检视整改突出问题，实实在在办好惠民利民实事，用实干推动发展、取信于民"。

"实"，乃做人做事之本。老百姓对形式主义、官僚主义非常反感，喜欢的是实实在在做工作。第二批主题教育在群众身边开展，越到基层越要突出一个"实"字。理论学习、调查研究是主题教育十分重要的基础环节，又是贯穿主题教育全过程的重点措施。必须坚持实事求是，抓好理论学习和调查研究，确保主题教育取得实实在在的成效。

党的历次集中教育，都以思想教育打头，理论武装都是重中之重。只有把理论学习这个基础打牢，真正解决学习不深入、思想不统一、行动跟不上的问题，才能达到主题教育的预期目标，推动全党思想上统一、政治上团结、行动上一致。要推动理论学习往深里走、往实里走、往心里走，坚持读原著、学原文、悟原理是一条重要经验。毛泽东同志曾说："《共产党宣言》，我看了不下一百遍""每阅读一次，我都有新的启发"。马克思主义"真经"常念常新，越学越觉得有信心，越学越觉得有力量。还要发扬理论联系实际的优良学风，知不弃行，行不离思，要做到知行合一，必须坚持实践导向、干什么就重点学什么、缺什么就重点补什么，坚持不懈在深化内化转化上下功夫，自觉运用党的创新理论研究新情况、解决新问题，在学做结合中真正把马克思主义这个看家本领学到手。

调查研究是谋事之基、成事之道。衡量调查研究搞得好不好，关键要看调查研究的实效，看调研成果的运用，看能不能把问题解决好。面对社区停车难这样群众关心的“关键小事”，该怎样盘活各类资源，解决治理难题、满足居民诉求？针对填表留痕过度、没有实际内容的会议过多等形式主义问题，该怎样切实为基层减负、为干部鼓劲？调查研究是一门致力于求真的学问，一种见诸实践的科学，也是一项讲求方法的艺术。敢于接“烫手山芋”、钻“矛盾窝”，多到困难多、群众意见集中、工作打不开局面的地方调研，多解剖影响和制约改革发展的矛盾和问题，才能摸清社情民意，提升政策精准度，不断激发高质量发展新动能，持续增强人民群众的获得感、幸福感、安全感。

社会主义是干出来的，新时代是奋斗出来的。新征程是充满光荣和梦想的远征，没有捷径，唯有实干。面对前进道路上新的“娄山关”“腊子口”，坚定理想信念，激扬“闯”的精神、“创”的劲头、“干”的作风，风雨无阻向前行，就一定能在推进中国式现代化的伟大实践中不断开辟发展新境界，更好实现人民对美好生活的向往。

《人民日报》2023 年 11 月 15 日第 4 版

突出问题导向，深入调查研究

仲　音

积极探索开展“民呼我为”“接诉即办”等，畅通群众意见反映渠道；从人民群众最关心最直接最现实的利益问题入手，着力办好群众关心的“关键小事”；围绕民生诉求等方面深入基层开展调研，实行问题“大起底、大排查、大整改”……主题教育开展以来，各地突出问题导向、深入调查研究，聚焦解决群众急难愁盼的痛点难点问题，把主题教育的成果转化为高质量发展的成效。

问题是时代的声音。党的十八大以来，党和国家事业取得历史性成就、发生历史性变革，其中一条很重要的经验就是坚持问题导向，把解决实际问题作为打开工作局面的突破口。“必须坚持问题导向”，正是贯穿习近平新时代中国特色社会主义思想的一个重要思想方法和工作方法。当前，我国发展进入战略机遇和风险挑战并存、不确定难预料因素增多的时期，所面临问题的复杂程度、解决问题的艰巨程度明显加大，发展不平衡不充分问题仍然突出，迫切需要我们用习近平新时代中国特色社会主义思想武装头脑、指导实践、推动工作，善于运用这一重要思想解决经济社会发展中的各种矛盾和问题，不断提出真正解决问题的新理念新思路新办法。

习近平总书记强调："每个时代总有属于它自己的问题，只要科学地认识、准确地把握、正确地解决这些问题，就能够把我们的社会不断推向前进。"坚持问题导向，首先要承认矛盾的普遍性、客观性，敢于正视问题，善于发现问题，不回避躲闪、更不能讳疾忌医。新时代以来，从以巨大的政治勇气全面深化改革，坚决破除各方面体制机制弊端，到以前所未有的勇气和定力推进全面从严治党，打出一套自我革命的"组合拳"，再到深入打好污染防治攻坚战，集中攻克老百姓身边的突出生态环境问题……实践表明，抓住问题就找到了实践前进的突破点。对于"躲不开、绕不过"的深层次矛盾和"前进中的问题、发展中的烦恼"，只有奔着问题去、迎着矛盾上、向着难处攻，才能在回答时代问题中不断开创事业发展新局面。

调查研究是谋事之基、成事之道。通过调查研究掌握实情、抓住症结、解决问题，是习近平总书记一贯的工作方式。1988年，习近平同志赴任福建宁德伊始，就深入基层，听民声，察实情。调研开路，实干开局，亲下基层接访，深入现场办公、协调解决问题，逐步形成“四下基层”工作制度，带领宁德党员干部群众，“滴水穿石”“弱鸟先飞”。在全面贯彻党的二十大精神的开局之年，习近平总书记深入地方考察调研，为推进中国式现代化谋篇布局。我们研究问题、制定政策、推进工作，刻舟求剑不行，闭门造车不行，异想天开更不行，必须进行全面深入的调查研究，加强科学论证，防止拍脑袋决策、拍胸脯蛮干。要深入实际摸清真实情况，把事情的真相和全貌调查清楚，把问题的本质和规律把握准确，把解决问题的思路和对策研究透彻，使制定的政策更加符合客观实际、符合群众需要。

检验调查研究成效，要看是否摸清社情民意、是否解决实际问题，这要求我们必须坚持问题导向和目标导向相结合，把“实”的要求贯穿工作全过程。习近平总书记要求广大党员干部“扑下身子、沉到一线”“把脉问诊、解剖麻雀，进行问题梳理、难题排查”，强调“既看‘高楼大厦’又看‘背阴胡同’，真正把情况摸清、把问题找准、把对策提实”。我们要把握开展调查研究“深、实、细、准、效”的“五字诀”，多到困难多、群众意见集中、工作打不开局面的地方和单位调研，哪些方面问题突出就聚焦哪些方面调研，问题出在哪个环节就重点在哪个环节调研，准确了解群众的所忧所盼。要注重调研成果转化运用，在调查的基础上深化研究，提高调研成果质量，切实把调研成果转化为解决问题、改进工作的实际举措。

历史总是在不断解决问题中前进的。我们党领导人民干革命、搞建设、抓改革，都是为了解决我国的实际问题。前进道路上，我们要从习近平新时代中国特色社会主义思想中汲取奋发进取的智慧和力量，大兴调查研究之风，不断提高运用党的创新理论研究新情况、解决新问题的能力和本领，一步一个脚印把前无古人的开创性事业推向前进。

《人民日报》2024 年 1 月 29 日第 1 版

以科学决策确保改革有力落实

李军鹏

习近平总书记强调:“改革要重视谋划,更要抓好落实”“增强改革决策科学性和改革落实执行力”。这些重要论述表明,决策和落实是改革中紧密联系的两个重要方面、基本环节。科学的改革决策与有效的改革落实,是新时代全面深化改革取得历史性伟大成就的关键因素。进一步全面深化改革,必须增强改革决策科学性,并以此为基础狠抓改革落实。

决策的科学与否决定着落实的成效。改革决策越科学,越能实事求是地反映客观事物的本质和规律,越能符合人民的利益和要求,也就越能在实践中得到有效落实。党的二十届三中全会《中共中央关于进一步全面深化改革、推进中国式现代化的决定》(以下简称《决定》)

对进一步全面深化改革作出科学决策部署，提出300多项重大改革举措。需要注意的是，《决定》作出的改革部署主要是战略性、前瞻性、方向性的，在落实时还需要进行科学的设计、制定可行的改革方案。《决定》提出："各级党委（党组）负责落实党中央决策部署，谋划推进本地区本部门改革，鼓励结合实际开拓创新，创造可复制、可推广的新鲜经验""围绕解决突出矛盾设置改革议题，优化重点改革方案生成机制"。这表明，落实党中央决策部署，各地区各部门还必须结合实际开拓创新，这离不开科学的改革决策。

科学的改革决策，绝非一个人或几个人坐在办公室里苦思冥想就能作出的。没有调查研究就没有发言权，没有调查研究就没有决策权。增强改革决策科学性，就要大兴调查研究之风。只有通过调查研究，才能了解实际情况，总结基层经验，为作出科学的改革决策创造条件、提供第一手材料。调查研究的过程，正是摸清本地区本部门改革着力点和突破口的过程，也是走好新时代党的群众路线、摸清人民群众利益诉求和期盼愿望的过程。调查研究做得好，既可以找到改革要聚焦的真问题，也能得到破解问题的好办法。现实中，一些地方推出的某些改革之所以行到中途难以为继，成为“半拉子工程”，主要原因就是缺乏深入细致的调查研究，导致改革决策不切实际、缺乏可操作性。因此，要把调查研究贯穿改革决策全过程，在求深、求实、求细、求准上下功夫，使改革方案切实可行、改革办法精准有效。

增强改革决策科学性，要遵循科学民主的决策程序与机制。改革越向纵深推进，各项改革举措之间的关联性就越强，涉及的利益调整就越复杂。只有经过发扬民主、集思广益过程形成的改革决策，才能得到相关各方面的高度认同，形成改革共识，从而减少落实过程中的“梗阻”。因此，在作出改革决策前，要广泛听取群众声音、专家建言和社会各方面意见，在多样化观点碰撞和充分讨论基础上形成科学决策，使出台的每一项改革决策都经过充分论证、形成广泛共识。磨刀不误砍柴工。在决策阶段多花一些时间、下一些功夫，发扬民主、集思广益，把最大公约数找出来，这样的改革决策落实起来往往也是阻力最小的。

增强改革决策科学性，还需坚持因地制宜、因时制宜。同样一项改革部署，各地区在具体落实中因为具体情况不同，可能会有不同的切入点、优先序等。比如

《决定》提出“培育乡村新产业新业态”。培育什么产业、怎么培育？不同地区的乡村要立足自身资源禀赋、产业基础、环境约束等条件来制定具体方案，不能不顾实际情况盲目照搬照抄。在改革方案的制定上，要坚持求真务实，在坚决落实党中央决策部署的前提下，使改革方案符合自身客观条件和发展基础，让改革举措更精准管用、更具可行性和可操作性，在实践的土壤中落地生根、开花结果。

《人民日报》2024年9月9日第9版

问需于民与问计于民

华　平

进一步全面深化改革必须增进共识。习近平总书记强调:“大兴调查研究,走好群众路线,问需、问计于民,尊重基层和群众首创精神,注重从老百姓急难愁盼中找准改革发力点和突破口,增强群众获得感、认同度。”

山东寿光市崔岭西村,驻村第一书记韩冰有一本“民情日记”,“西红柿种植户想请个农技专家”“建大棚缺资金想了解信贷政策”,一条条收集而来的真实需求,成了干事的指南。

湖南新田县上禾塘村,村党支部书记郑利平有一件工作“利器”——党群议事亭,“新修路资金从哪儿来?”“山上果园灌溉怎么解决?”没思路的时候,和村民坐下来聊一聊,话匣子打开,金点子迸出来。

问需于民、问计于民，彰显着以人民为中心的价值取向，也体现着党的领导方法和工作方法。

人民有所呼，改革有所应。从“改革”到“全面深化改革”再到“进一步全面深化改革”，无不以人民的需求为出发点，以人民的福祉为落脚点。

全面实现住院和普通门诊费用跨省直接结算，继而扩大跨省直接结算门诊慢特病病种范围；实施就业服务攻坚行动，加强就业培训、就业指导和政策扶持；开展敬老爱老助老活动，加强适老化改造，发展智慧养老、康复辅具等产业……

哪里有人民需要，哪里就能做出好事实事，哪里就能创造业绩。进一步全面深化改革，必须把惠民生的事办实、暖民心的事办细、顺民意的事办好。

推进中国式现代化，人民是最坚实的依托、最强大的底气。问计于民，就是要自觉向群众学习、向实践学习，从人民的创造性实践中获得正确认识。

“枫桥经验”在新时代发扬光大，“互助性养老”写进“十四五”规划……许多宝贵经验，都是从群众的探索中汲取智慧，并将其上升为政策举措，进而更好指导实践活动。

“共产党做事的一个指导思想就是尊重群众首创精

神，群众是真正的英雄。”充分激发人民群众的创造活力，把智慧和力量凝聚到改革上来，我们就能不断创造和积累可复制、可推广的新鲜经验。

需求在哪里？智慧在哪里？在群众身边、在基层实际。坚持问需于民、问计于民，要求我们走好新时代党的群众路线。

“一场院坝会，商议发展事”，湖北竹溪县廖家岭村向村民征求意见，商定村子发展路子。从“营商下午茶”到“群众留言板”，从“小院议事厅”到“接诉即办”，实践证明，只要走到人民群众中去，多听听群众怎么说、多问问群众怎么看、多请教群众怎么干，很多百思不得其解的问题就能豁然开朗、找到答案。

无论是问需于民还是问计于民，归根结底都是“想人民之所想，行人民之所嘱”的体现。这既是一种态度，也是一种作风，更是一种能力。

“没有人民支持和参与，任何改革都不可能取得成功。”把问需于民与问计于民结合起来，紧紧依靠人民推进改革，就能凝聚起强大共识与力量，攻坚克难，行稳致远。

《人民日报》2024年10月25日第4版

将调查研究发扬光大

《求是》杂志评论员

“要大兴务实之风，抓好调查研究，在察实情、出实招、求实效上下功夫，把工作抓实、基础打实、步子迈实，在力戒形式主义、官僚主义上取得明显实质性进展，以这次主题教育为契机，将调查研究发扬光大。”2023年，习近平总书记在内蒙古考察时对如何开展好主题教育这样要求。

调查研究是我们党的传家宝，是做好各项工作的基本功。回顾我们党的发展历程可以清楚地看到，什么时候全党从上到下重视并坚持和加强调查研究，党的工作决策和指导方针符合客观实际，党的事业就顺利发展。毛泽东同志指出，没有调查，没有发言权，“要做到情况明，决心大，方法对。首先是要情况明。这是一切工作的基础，因此要摸清情况，要做调查研究。”1930 年 5 月，红军攻克寻乌县城后，毛泽东同志接连开了 10 多天座谈会，与农民、手工业者、商人等深入谈心，掌握了大量第一手材料，写出 5 章、39 节的《寻乌调查》，为我们党制定科学的政策提供了坚实依据。他指出：“我作了寻乌调查，才弄清了富农与地主的问题，提出解决富农问题的办法，不仅要抽多补少，而且要抽肥补瘦，这样才能使富农、中农、贫农、雇农都过活下去。”邓小平同志同样重视调查研究，对有争议的问题，总是坚持亲身到实践中去调查了解清楚情况，然后再下结论、作决断。改革开放之初，经济特区遇到争议，1984 年初，邓小平同志来到深圳，深入商业区、工厂、蛇口工业区、渔民村等了解情况。经过深入调研，他挥笔题词："深圳的发展和经验证明，我们建立经济特区的政策是正确的。”

习近平总书记一直高度重视调查研究工作，早在福建工作时，他就提出“信访接待下基层、现场办公下基层、调查研究下基层和宣传党的方针政策下基层”的“四下基层”理念，后来又提出“进万家门、知万家情、解万家忧、办万家事”的工作要求。在回顾自己的浙江工作经历时，他说：“我牢记毛泽东同志的至理名言，坚持调研开局、调研开路，凡事眼睛向下，先当学生，不耻下问，问计于基层、问计于群众，每年至少用三分之一以上时间深入基层和部门调查研究。”党的十八大以来，以习近平同志为核心的党中央把调查研究摆在治国理政的重要位置，作为开展工作、出台政策、制定战略的“先手棋”。习近平总书记多次强调在全党大兴调查研究，指出“调查研究是谋事之基、成事之道，没有调查就没有发言权，没有调查就没有决策权”。总书记调查研究的足迹遍布祖国的山山水水：在湖南十八洞村调研，创造性提出“精准扶贫”理念；到江苏调研，首次公开将“全面从严治党”与全面建成小康社会、全面深化改革、全面推进依法治国一并提出；在沈阳新松机器人自动化股份有限公司，强调“要时不我待推进科技自立自强，只争朝夕突破‘卡脖子’问题”……在一次次调查研究中，总书记用脚步丈量祖国大地，用真心聆听人民心声，为全党重视调研、深入调研、善于调研树立了光辉典范。

“物有甘苦，尝之者识；道有夷险，履之者知。”当前，世界百年未有之大变局加速演进，不确定、难预料因素增多，国内改革发展稳定面临不少深层次矛盾躲不开、绕不过，各种风险挑战、困难问题比以往更加严峻复杂。习近平总书记指出：“研究、思考、确定全面深化改革的思路和重大举措，刻舟求剑不行，闭门造车不行，异想天开更不行，必须进行全面深入的调查研究。”只有通过深入细致的调查研究，真正搞清楚客观事物方方面面的复杂因素和变动情况，把握事物的本质和规律，才能找到破解难题的办法和路径。

在学习贯彻习近平新时代中国特色社会主义思想主题教育工作会议上，习近平总书记强调：“要深入调查研究。按照党中央关于在全党大兴调查研究的工作方案，组织广大党员、干部特别是各级领导干部扑下身子、沉到一线，深入农村、社区、企业、医院、学校、‘两新’组织等基层单位，把脉问诊、解剖麻雀，进行问题梳理、难题排查，运用党的创新理论研究新情况、解决新问题。”落实好总书记要求，推动主题教育取得实实在在的成效，就要在全党大兴调查研究，在调查研究中加深对党的创新理论的理解，使调查研究的过程成为理论学习向实践运用转化的过程，成为转变作风、增进同群众感情的过程，成为提高履职本领、增强责任担当的过程。

坚持问题导向。问题是时代的声音，调查研究不是为了做表面文章，而是为了真正发现问题、解决问题。毛泽东同志形象地比喻，调查就像“十月怀胎”，解决问题就像“一朝分娩”，调查就是为了解决问题。每次调研，习近平总书记都是带着问题去。2020 年，总书记在浙江考察时发现，在疫情冲击下全球产业链供应链发生局部断裂，直接影响到我国国内经济循环。“我感觉到，现在的形势已经很不一样了，大进大出的环境条件已经变化，必须根据新的形势提出引领发展的新思路。”回京后不久，在中央财经委员会第七次会议上，总书记鲜明提出，“构建以国内大循环为主体、国内国际双循环相互促进的新发展格局”。开展调查研究，必须增强问题意识，敢于正视问题，善于发现问题，既看“高楼大厦”又看“背阴胡同”。同时，调查研究还要在深入分析思考上下功夫，去粗存精、去伪存真，由此及彼、由表及里，找到事物的本质和规律，把解决问题的思路和对策研究透彻，一锤接着一锤敲，一步紧跟一步行，把一个个“问题清单”变为“成果清单”。

改进调研方式。调查研究是为了听真话、察真情，了解真实情况。习近平总书记指出，调查研究既要“身入”基层，更要“心到”基层，体察实情、解剖麻雀，全面掌握情况，做到心中有数。总书记率先垂范、以身作则、亲力亲为，为全党作出了表率。1988 年，习近平同志刚到福建宁德工作，就下基层调研，用一个多月的时间将下辖的 9 个县市全部考察了一遍，在炎炎夏日中翻山越岭，“而且从不提什么特殊条件，始终和大家同等待遇”，与基层群众同吃同住、共话家常，很短时间内就熟悉了情况。2013 年 7 月，习近平总书记冒雨来到武汉新港阳逻集装箱港区，卷起裤腿，打着雨伞，向工作人员了解物流等情况；2014 年 2 月在北京考察调研时，沿着弯曲狭窄的通道走进雨儿胡同的大杂院，听取老街坊对老城区改造的想法；2018 年 2 月，来到大凉山深处的土坯房，同大伙儿围坐在火塘边谋划精准脱贫之策……开展调查研究，就要改进调研方式，力戒形式主义、官僚主义，多到困难多、群众意见集中、工作打不开局面的地方和单位调研。必须眼睛向下、脚步向下，敢于“钻矛盾窝”了解实情，不搞作秀式调研、盆景式调研、蜻蜓点水式调研，真正把调查研究做深做实。

善于换位思考。人民群众的社会实践是获得正确认识的源泉，也是检验和深化我们认识的根本所在。调查研究不仅是贴近群众、了解群众的过程，更是拜人民为师、向人民学习的过程。习近平总书记指出：“开展调查研究就是走群众路线。”20 世纪 80 年代，习近平同志在河北正定工作期间，短短 3 年内，就骑着自行车跑遍了全县所有公社、所有大队，广泛接触乡村干部和从事不同职业的普通群众。当时一起工作的同志回忆：“他的调研工作有三个特点：一是召开不同类型的座谈会，接触的人特别广，听到的声音也特别全面；二是调查研究的方法多，比如外出参观学习、走大街小巷、走村串户等多种形式；三是认真听取不同意见。他总是在深入细致的调查研究基础上考虑问题和认识问题。”脚下沾有多少泥土，心中就沉淀多少真情。开展调查研究，就要善于换位思考，走进群众，真诚倾听群众呼声、真实反映群众愿望、真情关心群众疾苦，准确了解群众的所忧所盼，使各项决策和各方面工作符合实际情况、符合客观规律、符合人民意愿。

注重调研成果转化运用。衡量调查研究搞得好不好，不是看调查研究的规模有多大、时间有多长，也不是光看调研报告写得怎么样，关键要看调查研究的实效，看调研成果的运用，看能不能把问题解决好。党的十八大以来，从加强党的全面领导、推进党的建设制度改革，到打好防范化解重大风险、精准脱贫、污染防治三大攻坚战；从推动京津冀协同发展、长三角一体化发展、粤港澳大湾区建设，到谋划长江经济带发展、黄河流域生态保护和高质量发展……习近平总书记对关系新时代党和国家事业发展的一系列重大理论和实践问题进行了深入调研和深邃思考，提出一系列原创性的治国理政新理念新思想新战略，推动党和国家事业取得历史性成就、发生历史性变革。事实证明，搞好调查研究，才能找到改革发展的“金钥匙”。要注重调研成果转化运用，在调查的基础上深化研究，提高调研成果质量，切实把调研成果转化为解决问题、改进工作的实际举措，防止调查多研究少、情况多分析少，提出的对策建议大而化之、空洞抽象、不解决实际问题。既要立足当下，一步一个脚印解决具体问题，积小胜为大胜，又要放眼长远，克服急功近利、急于求成的思想，多献务实之策、多谋长远之计，多做打基础、利长远的事。

“操千曲而后晓声，观千剑而后识器。”调查研究是获得真知灼见的源头活水。强国建设、民族复兴新征程上，全党要增强做好调查研究的思想自觉、政治自觉、行动自觉，大兴调查研究，推动全面建设社会主义现代化国家开好局起好步。

《求是》2023 年第 12 期

好文风的基础是调查研究

干春松

文风问题看似只是在讨论文辞之优美、顺畅、简明与否，实质并非如此。文风决定于内容，是言之有物还是玩弄辞藻，泾渭分明。

在人们聚焦的文风问题中，其中一个是一些地方在宣传党的政策、解释政府的决策时语言风格枯燥，缺乏实质性的内容。

党的政策和政府的决策，要让人民群众能理解并接受，在这样的目标导向下，各类讲话、解读和文件的用语要准确、平实。适当加入典故，也要以帮助为主，而不要喧宾夺主。在这方面，毛泽东同志的文风堪称典范。在《反对本本主义》一文中，他区分了“本本”和“本本主义”，他说：“马克思主义的‘本本’是要学习的，但是必须同我国的实际情况相结合。我们需要‘本本’，但是一定要纠正脱离实际情况的本本主义。”

这里的“本本”和“本本主义”既形象又充满辩证法。马克思主义的理论之所以能指导中国革命，并非因为马克思是“先哲”，若是只会寻章摘句，就犯了“本本主义”的错误。

当今世界，风云变幻，而一些干部缺乏学习，调查不够，对国际局势缺乏认知，也不愿意下功夫到人民群众中去了解实际情况，仅满足于上传下达。这样，不仅将马克思主义“本本主义化”，甚至将“大兴调查研究之风”变成了“照本宣科”。有的美其名曰“下基层”，却是前呼后拥，离群众实际生活很远，将“调查研究”本身也“本本主义化”了。这样的干部，脱离了别人代写的稿件，就不会说话，对群众生活、工作中遇到的困难，也只会背诵政策。毛泽东同志在《改造我们的学习》中讽刺这样的人：“或作讲演，则甲乙丙丁、一二三四的一大串；或作文章，则夸夸其谈的一大篇。无实事求是之意，有哗众取宠之心。华而不实，脆而不坚。”究其原因，是因为没有在调查研究上下功夫，就不会将政策和指示与本地实际相结合，只会空话满天飞。“墙上芦苇，头重脚轻根底浅；山间竹笋，嘴尖皮厚腹中空”的讽刺，是何等生动、贴切！

所以，文风问题，说到底是作风问题，因为缺乏对基层一手材料的掌握，政策就难以转化为具体的措施，讲起话来，就只能含糊其词，蒙混过关。“没有调查，没有发言权”，引申到文风问题，我们可以说：没有调查，就不会有好的文风。

《光明日报》2025 年 4 月 5 日第 1 版

用好用活调查研究的辩证思维方法

张　戈

调查研究是做好工作的基本功。中央八项规定的第一条，就是要改进调查研究。开展深入贯彻中央八项规定精神学习教育，不仅需要坚定的政治决心和切实的行动落实，还需要科学思维方法的有力支撑。作为谋事之基和成事之道，调查研究不是抽象的调查和盲目的研究，必须讲究科学合理的方式方法。只有用好用活调查研究的辩证思维方法，才能把握事物的本质和规律，找到破解难题的办法和路径，切实把调查研究成果转化为改进工作作风、增强工作本领、提高工作效能的强大动力和良好成效。

归纳与演绎相结合，在调研中把握整体。归纳与演绎是从个别到一般和从一般到个别的思维方法。在调查研究中坚持归纳与演绎相结合，能够指导我们树立系统观念和全局意识，从事物同质性部分中找到可推广、可复制的解决办法，从异质性部分中探索针对性、差异化的解决举措，从而整体性把握事物概貌和动态演变。这方面，我们党有着优良的传统。在进一步全面深化改革、推进中国式现代化的伟大实践中，各类事务较以往更加纷繁复杂，我们既要有“一叶知秋”的敏锐，也要有“窥斑见豹”的视野，聚焦发展所需、改革所急、群众所盼、民心所向，深入基层、深入群众、深入实际，综合运用座谈访谈、随机走访、问卷调查、专家调查、抽样调查、统计分析等方式开展调研，以小见大、点面结合，既把握规律性认识，又满足个体性需求，更好认识事物的全貌，做到“谋全局”与“谋一域”兼顾，切实找到解决问题的有效举措。

分析与综合相统一，在调研中抓住本质。分析与综合是在分解剖析事物要素基础上认识事物根本和实质的思维方法。在调查研究中坚持分析与综合相统一，能够多维度、多层面、多视角了解事物各方面的内在联系、各要素的排列组合、各方面工作的运行机制，加深对事物联系和发展的认识，指导我们深入把握事物的本质。事实上，这就是老一辈革命家生动比喻的“抽丝剥茧”“解剖麻雀”，即通过理出几个“线头”、解剖一些“麻雀”，形成条理，类推整合，探寻到最本质最关键的东西。当前，我国发展面临新的战略机遇、新的战略任务、新的战略阶段、新的战略要求、新的战略环境，我们要胸怀大局、把握大势、着眼大事，做好事关全局的战略性调研、破解复杂难题的对策性调研、着眼时代前沿的前瞻性调研、关于重大工作项目的跟踪性调研、针对典型案例的解剖式调研、推动落实的督查式调研。通过去粗取精、去伪存真，由表及里、由浅入深，探寻事物的内在本质与底层逻辑，真正吃透上情、摸清下情、掌握实情，有的放矢抓工作，为制定科学合理的政策提供坚实依据，确保党中央各项决策部署不折不扣落到实处。

抽象与具体相映证，在调研中解决问题。抽象与具体是把事物的本质规定综合和统一起来形成真理性认识的思维方法。在调查研究中坚持抽象与具体相映证，能够在把握事物内在联系和本质的基础上，对具体事物进行具体分析，直击问题要害，从而找准“病灶”、深挖

"病根"、开对"药方"，确保"药到病除"。调查研究贵在虚实结合，既研究概念，又触及实体。如果一味琢磨概念不深入实际，就像是拿着"梨子"反复凝视，不尝一口，是感受不到梨子真正滋味的。在进一步全面深化改革、推进中国式现代化的伟大实践中，我们要增强问题意识，秉持实事求是的基本原则，以问题导向引领调研方向，聚焦制约高质量发展的堵点问题、影响社会公平正义的热点问题、民生方面的难点问题、党的建设的突出问题、各领域的风险问题，开展靶向式调研，抓住主要矛盾和矛盾的主要方面，明晰问题的重点与难点，真正把情况摸清、把问题找准、把对策提实，不断提出真正解决问题的新思路新办法，确保政策措施的针对性和有效性。

历史与逻辑相融合，在调研中掌握规律。历史与逻辑是反映客观实在和思想认识的历史演进、历史特点、历史趋向的思维方法。在调查研究中坚持历史与逻辑相融合，能够把对事物历史过程的考察与对事物内部逻辑的分析有机结合起来，摸清问题的来龙去脉，把握事物演进的特点和规律，在预测未来的前提下，得出符合实际的客观结论。正如习近平总书记所强调的那样，我们看世界，不能被乱花迷眼，也不能被浮云遮眼，而要端起历史规律的望远镜去细心观望。我们要在调查研究中深化学习，在总结提炼中掌握规律，既要追溯事物的历史渊源，又要分析其内在逻辑，多渠道、全方位、各领域了解实际情况，全面、客观、准确掌握第一手材料，进行深入分析、充分论证和科学决策。通过把零散的认识系统化，把粗浅的认识深刻化，将感性认识上升为理性认识，持续总结新经验、探索新规律、解决新问题，做好调查研究的“后半篇文章”，为抓好当前工作、制定长远规划、应对未来挑战提供科学依据。

《光明日报》2025 年 04 月 18 日第 6 版

高度重视和发挥调查研究的基础性作用

包松娅

调查研究是人民政协的“看家本领”，是政协开展工作、履行职能的“压舱石”“定盘星”。

党的十八大以来，习近平总书记高度重视调查研究工作，在不同场合反复强调调查研究的重要性，一系列重要讲话和重要指示，为全党大兴调查研究、做好各项工作提供了根本遵循，也为新时代新征程人民政协更好弘扬历史传统、发挥独特优势、坚持性质定位、提升履职水平提供了政治遵循、前进方向和工作方法。

2023 年以来，全国政协紧扣围绕党的二十大重大部署为国履职、为民尽责，各项工作取得了令人瞩目的成绩，其中关键的一点，就是高度重视调查研究。为切实提高履职的质量与效率，全国政协将调查研究作为经常性、全局性、基础性工作加以谋划部署，不断完善调研工作制度机制，坚持精益求精，创新方式方法，将协商贯穿调查研究的全过程，推进调研成果转化，着力提升调研工作质量和水平，形成了一大批内容翔实、观点鲜明的高质量调研成果，有效服务政协高水平履职、服务党和政府科学民主决策。

当前，我国发展面临着新的战略机遇、新的战略任务、新的战略阶段、新的战略要求、新的战略环境，迫切需要通过调查研究把握事物的本质和规律，找到破解难题的办法和路径。这就要求人民政协进一步练好调查研究的“基本功”、用好调查研究这个“传家宝”，真正沉下去把情况摸清、把问题找准、把对策提实，为推动改革发展接地气、汇人气、攒底气。

调研若不能深实，建言必失于浅陋。“踩点式”的走马观花、“盆景式”的只看不问、“报喜式”的探访政绩、“脱节式”的回避落实……这些问题虽然早已得到有效遏制，但面对新形势新任务，我们必须不断提高政协调查研究水平，把调查研究作为履职活动的重要基础和前提，贯穿履职活动全过程，聚焦实践遇到的新问题、改革发展稳定存在的深层次问题、人民群众急难愁盼问题、国际变局中的重大问题、党的建设面临的突出问题，力求把对策建议提准提实。

回顾十四届全国政协一年来的履职实践，无不基于扎实的调查研究。

习近平总书记强调："衡量调查研究搞得好不好，不是看调查研究的规模有多大、时间有多长，也不是光看调研报告写得怎么样，关键要看调查研究的实效，看调研成果的运用，看能不能把问题解决好。"调查研究一头连着政策制度，一头连着社情民意。持续提高政协调查研究水平，需要以调研之"矢"射发展之"的"，以调研之"笔"答民生之"题"，以"双手带土"获得"第一手资料"，以"两脚沾泥"看到"第一眼真实"，考验的是工作作风，厚植的是为民情怀。

实践发展永无止境，调查研究也永无止境。持续提高政协调查研究水平，用好用活调查研究，在"真"字上下功夫，在"实"字上做文章，充分发挥调查研究作用，必将为全国政协更好服务党和国家中心任务提供有力支撑。

《人民政协报》2024年2月29日第1版

调查研究要戒“虚”存“真”

翰 君

调查研究既是党的重要工作方法，也是领导干部展现作风修养、密切联系群众的实践过程。在新征程上有许多躲不开、绕不过的风险矛盾挑战，迫切需要通过调查研究去把握本质和规律，找到破解难题的办法和路径。但在实际工作中，仍有部分领导干部作风不严不实，不仅影响调查研究的质量实效，更背离党的宗旨使命，必须坚决反对、坚决纠治。

一是虚张声势讲排面。党中央将改进调查研究作为正风肃纪的重要切入口，特意在中央八项规定的第一条提出“轻车简从、减少陪同、简化接待”等要求。但有的领导干部痼疾难改，仍热衷于在调研中大搞繁文缛节、迎来送往，让基层不胜其扰。有的官气十足、前呼后拥，

“出发一车子、开会一屋子”，摆出高高在上的“钦差”老爷做派，一趟调研下来，真实管用的素材没摸到多少，干部群众却受累许多。有的转嫁任务、材料加码，借着收集素材的名头让基层反复写报告、填表格，本来需要自己去调研的信息、研判的情况，变成了基层单位的工作负担。还有的工于表演、装腔作势，把调研当作出镜、露脸的机会，每到一处总不忘摆拍留痕，基层干部群众成了陪衬的道具，一番作秀后扬长而去。

二是虚头巴脑走过场。许多老大难问题之所以长期无解，重要原因是调查研究浮光掠影、流于形式，导致情况吃得不透、病根找得不准。其中一类是“蜻蜓点水”式调研，每到一处“坐在车上转，隔着玻璃看”，压根没把调查研究这个破解难题的“传家宝”重视起来。再一类是“盲人摸象”式调研，眼里只有一个个孤立的“盆景”，得出的结论往往是以偏概全。还有一类是“刻舟求剑”式调研，习惯闭门造车，对新情况新问题多凭主观判断下结论，出台政策针对性精准性不强，工作只能在原地打转。

三是虚情假意对群众。热爱人民不是一句口号，要有深刻的理性认识和具体的实践行动，调研中接触群众、服务群众要“身到”且“情至”。实际工作中，有的领导干部“鼻孔朝天”，不愿与群众打交道，“不怕群众不满意，就怕领导不注意”，一旦群众提出看病、就业、住房等揪心事，或企业提出融资、税收、营商环境等烦心事，就一味敷衍塞责。有的“嫌贫爱富”，不愿深入艰苦偏远和矛盾集中的地区，只看“门面”和“窗口”，对群众疾苦和企业诉求，不听、不看、不懂，实在躲不过就满口套话甩包袱。这都违背党的初心使命，与党的群众观大相径庭。广大领导干部必须谨记“我是谁、为了谁、依靠谁”，大力纠治群众深恶痛绝的官僚主义问题，调研中要面对面请教、心贴心服务，让群众感受到党就在身边。

四是虚与委蛇抓落实。习近平总书记强调，“调查研究的根本目的是解决问题”。正确的方法是通过调查研究找出问题的本质与规律，努力破解长期想解决而未能解决的问题，增强群众的获得感、幸福感、安全感。但有的领导干部没有把抓落实作为调查研究的主要任务，仍存在重过程轻结果、重程序轻落实的现象。有的抱有得过且过的懈怠思维，对基层和群众反映的一手素材“调”而不“研”、“研”而不“用”，调研结束后随手一放，任由其生尘结网，群众的翘首以盼被忘于脑后。有的善于打“推拖绕”的太极功，对群众和企业反映强烈的突出问题缺少立行立改的干劲，问题仍旧停留在从方案到方案、从报告到报告的“空对空”上。最终，老问题不解决、新矛盾再堆积，不仅让群众寒心，也影响党和政府的公信力。

调查研究连着党心民心，容不得半点“虚”字。广大领导干部特别是主要负责同志要发挥“关键少数”示范作用，带头纠正调查研究中的作风之弊，实字打头、干字当先，使调研的过程成为加深对党的创新理论领悟的过程，成为保持同人民群众血肉联系的过程，成为推动事业发展的过程。

一要真诚问计“聚民智”。“上之为政，得下之情则治，不得下之情则乱。”人民群众蕴藏着无穷的智慧和力量，尊重人民的主体地位和首创精神，拜人民为师，是我们党治国理政的重要经验。高质量做好调查研究，广大领导干部要保持“永远是小学生”的姿态，自觉向群众求教问策。要多到基层一线去找答案，依靠“民间高手”掌握全面情况，做到心中有数、胸中有方、手里有招，确保拿出来的政策举措接地气、有底气。每当工作推进有梗阻时，作为领导干部要多到矛盾多、意见大的地方去，俯下身子与群众、企业家们在一条板凳上“身挨身坐、心贴心聊”，听真言、取真经，把基层的实践经验和群众的聪明才智总结提炼上来，成为攻坚克难的方法路径。

二要真情问需“察民意”。“衙斋卧听萧萧竹，疑是民间疾苦声。些小吾曹州县吏，一枝一叶总关情”，道出了古今为官者体察民情、关切民意的应有情怀。我们共产党人践行宗旨，就是要对人民饱含深情，想群众之所想、急群众之所急、解群众之所难，调查研究无疑是体察民意最直接的手段。广大领导干部要坚持眼睛向下、走好群众路线，抓住老百姓最急最忧最怨的问题，解民忧、纾民怨、暖民心，多干让人民满意的好事实事。要站稳人民立场，把人民拥护不拥护、赞成不赞成、高兴不高兴、答应不答应作为衡量一切工作得失的根本标准，在调研中“广开言路”，多来一些“七嘴八舌”式的讨论，虚心听取企业家、基层干部、普通群众等各方意见建议，既听喜又听忧，为制定决策、破解难题找到“金钥匙”。

三要真心问效“解民忧”。“知屋漏者在宇下，知政失者在草野。”民生难点痛点，老百姓最有切身感受；政策好不好，老百姓最有发言权。调查研究是个宝，但解决问题、办好实事、为民谋福，才是其价值和意义所在。广大领导干部要心系群众，把为民解忧当作调查研究的头等大事，及时拿出当下“改”的办法和长久“立”的机制，一方面实实在在改，防止以老经验应对新事物、以老办法解决新问题的懈怠之举，提出富有时代特色的真招实策，形成一整套攻坚克难的组合拳。另一方面要加强督查问效，对调研中反映的突出问题紧盯不放，用“拔钉清零”的做法，做到问题不解决不放手、群众不认可不罢休，以看得见的变化回应群众期盼，用辛苦指数换来群众的幸福指数和事业的发展指数。

《学习时报》2023 年 5 月 19 日第 3 版

以调查研究推动解决改革难题

冒小飞

调查研究是谋事之基、成事之道，也是破解改革难题的“金钥匙”。习近平总书记指出，“研究、思考、确定全面深化改革的思路和重大举措，刻舟求剑不行，闭门造车不行，异想天开更不行，必须进行全面深入的调查研究”。深入贯彻落实党的二十届三中全会精神，以进一步全面深化改革推进中国式现代化，必须用足用好调查研究这个制胜法宝，把握发展规律、解决发展难题，为中国式现代化注入强劲动力。

通过调查研究来破解难题是我们党的优良传统。毛泽东同志通过对井冈山和中央苏区的深入调研，探索出一条“农村包围城市”的正确革命道路；邓小平同志走遍全国多省市，作出把党和国家工作重点转移到现代化建设上来的战略决策。党的十八大以来，习近平总书记坚持调研开局、调研开路，提出一系列原创性的治国理政新理念新思想新战略，推动党和国家事业取得历史性成就、发生历史性变革。召开党的二十届三中全会，习近平总书记亲自担任文件起草组组长，全程擘画、组织调研、精心指导、把脉定向，部署38个重点课题、指导16个调研组分赴全国各地，广泛集中党内外智慧，形成重大改革命题，为进一步全面深化改革描绘了蓝图。可以说，我们党100多年的历史，就是一代代中国共产党人在深入调查研究的基础上，把马克思主义基本原理同中国具体实际相结合、同中华优秀传统文化相结合，接续推进理论创新和实践创新的历史。

改革所指，调研所向。党的二十届三中全会《中共中央关于进一步全面深化改革、推进中国式现代化的决定》提出了300多项重要改革举措，涉及领域非常广。只有进行广泛深入的调查研究，才能实施好具体改革措施，确保党中央决策部署落地落实。各地区各部门要坚持一切从实际出发，通过调查研究找准党中央精神与自身实际的结合点，找准推动改革的侧重点和突破口，做好“规定动作”、做实“自选动作”，防止照搬照抄、上下一般粗。特别是要聚焦制约构建新发展格局和推动高质量发展的卡点堵点问题、发展环境和民生领域的痛点难点问题、有悖社会公平正义的焦点热点问题，深入开展问题大梳理、难题大排查，下功夫研究破题思路和办法，使各项改革举措更加精准有力。

在开展调查研究的过程中，唯有把准脉搏、开对药方，才能增强改革措施的科学性和改革落实的执行力，改革发展才能事半功倍。要深入基层深入群众，全方位、多渠道掌握一手资料，下足“绣花功夫”、开展“解剖麻雀”，真正摸清情况底数、对接改革需求、找准问题症结。潜心研究、充分论证，加强前瞻性思考，提升规律性认识，尤其是对普遍性制度性的问题、涉及改革发展稳定的深层次关键性问题，要研究透彻、深挖根源，形成务实管用的对策方案。对调研中发现的好经验好做法，及时进行总结完善，在更大范围复制推广。尊重人民主体地位和首创精神，从群众急难愁盼中找准改革发力点，把社会期盼、群众智慧、专家意见等充分吸收到改革举措中来，最大程度凝聚改革合力，增强人民群众改革获得感。以调查研究助力改革方案评估和改革情况跟踪问效，及时发现问题、纠正偏差，不断优化调整改革措施，确保改革顺利推进。

抓调研促改革，既考验干部能力，也检验干部作风。各级党员干部要深刻认识调查研究的极端重要性，进一步增强做好调查研究的思想自觉和行动自觉，使之成为推动改革发展的锐利武器。做理论学习的先锋，增强补课充电的紧迫感，紧盯发展前沿，树立国际视野，丰富知识结构，提高推动高质量发展本领、服务群众本领、防范化解风险本领，努力成为行家里手。做开拓创新的先锋，发扬斗争精神，知难而进、迎难而上，努力求新求变，善于用新的思维方式、新的手段、新的角度研究问题，提出解决问题的新思路新办法。做求真务实的先锋，力戒形式主义，真正扑下身子、沉到一线，察实情、出实招、求实效，杜绝作秀式调研、盆景式调研、蜻蜓点水式调研。同时要注意加强调研统筹，防止扎堆、多头、重复调研，避免调研过频过繁，尽可能减轻基层负担。

《学习时报》2024 年 9 月 2 日第 1 版

理论茶座

着力提高调查研究质量

臧安民

在学习贯彻习近平新时代中国特色社会主义思想主题教育工作会议上，习近平总书记强调："要深入调查研究""改进调研方式，力戒形式主义、官僚主义""提高调研成果质量，切实把调研成果转化为解决问题、改进工作的实际举措"。着力提高调查研究质量，运用党的创新理论研究新情况、解决新问题，是深入学习贯彻习近平总书记重要讲话精神、贯彻落实党中央决策部署、深入开展主题教育的必然要求。

调查研究是关系党和人民事业得失成败的大问题

习近平总书记指出："调查研究是谋事之基、成事之道""是我们党的传家宝，是做好各项工作的基本功"。大兴调查研究，是深入学习贯彻习近平新时代中国特色社会主义思想的必然要求，是应对新征程上风浪考验、推进高质量发展的应有之义，是转变工作作风、密切联系群众、提高履职本领、强化责任担当的重大举措。

学习贯彻党的创新理论需要高质量的调查研究。时代是思想之母，实践是理论之源。习近平新时代中国特色社会主义思想在新时代伟大实践中创立，在指导实践、推动实践中展现出巨大真理力量和实践伟力。深入实际、深入实践的高质量调查研究，有助于党员干部深刻把握这一重要思想的理论逻辑、历史逻辑、实践逻辑，更加全面把握这一重要思想的世界观、方法论和贯穿其中的立场观点方法，更加深切地领悟这一重要思想对推动工作思路、举措、办法创新的重要作用，从而真正运用这一重要思想优化思想方法、解决思想困惑，始终做到方向明确、头脑清醒、应对有方、行动有力。

坚持人民至上需要高质量的调查研究。人民性是马克思主义的本质属性。习近平总书记指出："江山就是人民、人民就是江山，打江山、守江山，守的是人民的心。"坚持为人民执政、靠人民执政，必须贯彻党的群众路线，时刻关注群众在想什么、盼什么，真正搞清楚老百姓的"喜怒哀乐、酸甜苦辣"，从而在人民的创造性实践中获得正确认识，使各项决策和工作部署集中民智、体现民意、反映民情、深得民心，赢得人民群众的拥护和支持，把党的正确主张变为人民群众的自觉行动。

掌握马克思主义认识论需要高质量的调查研究。实践的观点是马克思主义认识论的基本观点。在实践—认识—再实践—再认识的循环往复中使主观与客观相符合，需要有一个桥梁和途径，调查研究就是这样的桥梁和途径。只有深入实际，搞清楚问题是什么、症结在哪里，然后分析综合，形成符合实际的判断，才能拿出破解难题的实招硬招。为了打赢脱贫攻坚战，习近平总书记先后7次主持召开中央扶贫工作座谈会，50多次调研扶贫工作，走遍14个集中连片特困地区。正是这样看真贫、扶真贫，直接听取贫困地区干部群众意见，不断完善扶贫思路和扶贫举措，以习近平同志为核心的党中央带领全党全国人民打赢了人类历史上规模最大的脱贫攻坚战，创造了彪炳史册的人间奇迹。

高质量的调查研究贵在坚持实事求是

习近平总书记指出，调查研究“既要‘身入’基层，更要‘心到’基层，听真话、察真情，真研究问题、研究真问题”，要“坚持问题导向，增强问题意识，敢于正视问题，善于发现问题，既看‘高楼大厦’又看‘背阴胡同’，真正把情况摸清、把问题找准、把对策提实”。调查研究的高质量，贵在“真”和“实”。要努力在提高调查研究对象的广泛性上下功夫，在提高调查研究内容的针对性上下功夫，在提高调查研究方法的科学性上下功夫，在提高调查研究成果的有效性上下功夫，不断提高调查研究的质量和水平。

真情对待群众。习近平总书记指出：“贯彻党的群众路线，首先要对群众有感情，真正把自己当作群众的一员、把群众的事当作自己的事。”2013年2月3日，习近平总书记在甘肃省渭源县元古堆村马岗家的土坯房里，从墙根水缸舀起一瓢水尝了尝，苦咸水的滋味让他眉头紧锁。在引洮供水工程工地考察时，习近平总书记叮嘱当地和随行有关部门负责同志“民生为上，治水为要”。此后，惠及甘肃几百万人民群众的“引洮工程”加快施工，甘甜的自来水流进家家户户。充满人民情怀的调查研究，为广大党员干部树立了典范。有真情才能身挨身坐、心贴心聊。衡量调查研究质量高低，不是看调查研究的规模有多大、时间有多长，也不光看调研报告写得怎么样，关键是调查研究的“质”和“效”，看调研成果是否得到运用，看问题是否得到解决，看工作水平是否得到提高，看与群众感情是否进一步加深。

真诚听取意见。真诚才能换来真话。2020 年 9 月 17 日，习近平总书记在湖南省长沙市主持召开基层代表座谈会时指出：“大家都处在改革发展和生产一线，参与经济社会生活最直接，同群众联系最经常，对党的路线方针政策落地见效感知最真切，提出的意见和建议能够更加贴近基层实际、反映群众心声。”有了这份真诚，群众就会讲真话、实话、心里话。调查研究不能只是听听、转转、看看，要防止“作秀式”调研、扎堆调研，防止浮光掠影、人到心不到的“蜻蜓点水”式调研，防止自主性差、丧失主动权的“被调研”。无论是召开座谈会、研讨会，还是走访调查、蹲点调查、典型调查、实地考察，都要务实扎实、虚心求教。

真心解决问题。习近平总书记指出：“要提高调查研究能力，坚持问题导向，深入实际摸清真实情况，集合众智提出解决办法，努力使对策建议有的放矢、切中要害。”调查研究的目的是解决问题。全面建成社会主义现代化强国、实现第二个百年奋斗目标，以中国式现代化全面推进中华民族伟大复兴，是前无古人的开创性事业，需要研究和解决的重大问题很多，迫切需要各级领导干部扑下身子、沉到一线，深入农村、社区、企业、医院、学校、“两新”组织等基层单位，把脉问诊、解剖麻雀。要多到最困难的地方去，到群众意见多的地方去，到工作推不开的地方去。要防止调查多研究少、情况多分析少，提出的对策措施大而化之、空洞抽象。要把微观调研和宏观调研结合起来，把定性分析和定量分析结合起来，把调研重心放在梳理问题、排查难题、研机析理、找准症结、明确抓手上，形成问题清单、责任清单、任务清单，一条一条研究，一项一项解决。

真正举一反三。调查研究的过程，不仅是深入实际、弄清“实事”的过程，也是举一反三、深入“求是”的过程。2005 年 11 月 2 日，时任浙江省委书记的习近平同志在浙江省委政策研究室调研时强调：“关键是调查后要善于研究”“既要预见潮流所在和大势所趋，又能看到‘风起于青萍之末’的苗头性、倾向性问题；调研的过程必须是去粗取精、去伪存真、由此及彼、由表及里的精心分析和研究的过程”。提高调查研究质量，要坚持运用习近平新时代中国特色社会主义思想的世界观、方法论和贯穿其中的立场观点方法，通过交换、比较、反复，由感性认识上升为理性认识，把零散的认识系统化，把粗浅的认识深刻化，把握现象和本质、形式和内容、原因和结果、偶然和必然、可能和现实、内因和外因、共性和个性的关系，提出解决问题、促进工作、完善政策、建立机制、形成长效的思路举措。特别是对那些具有普遍性和制度性的问题、涉及改革发展稳定的深层次关键性问题以及难题积案和顽瘴痼疾等要研究透彻，从而在工作中胸中有“全景图”、手中有“工具箱”。

以高质量的调查研究推动高质量发展

习近平总书记指出:“紧紧围绕高质量发展这个全面建设社会主义现代化国家的首要任务,以强化理论学习指导发展实践,以深化调查研究推动解决发展难题,把学习和调研落实到完成党的二十大部署的各项任务中去,以推动高质量发展的新成效检验主题教育成果。”我们要全面贯彻习近平新时代中国特色社会主义思想,以高质量的调研推动高质量发展。

在深入调研中深刻领悟推动高质量发展的重大决策部署。要通过高质量的调研,从理论和实践结合上深入领会加快实现高水平科技自立自强是推动高质量发展的必由之路,加快构建新发展格局是推动高质量发展的战略基点,推进农业现代化是实现高质量发展的必然要求,人民幸福安康是推动高质量发展的最终目的;深入领会推动高质量发展“必须完整、准确、全面贯彻新发展理念”“必须更好统筹质的有效提升和量的合理增长”“必须坚定不移深化改革开放、深入转变发展方式”“必须以满足人民日益增长的美好生活需要为出发点和落脚点”“必须坚持和加强党的全面领导、坚定不移全面从严治党”;深入领会中国式现代化的中国特色、本质要求和重大原则,中国式现代化理论和全面建设社会主义现代化国家战略布局的关系,推进中国式现代化需要处理好的若干重大关系;深入领会全面建成社会主义现代化强国“两步走”的战略安排,深入实施科教兴国战略、人才强国战略、创新驱动发展战略、乡村振兴战略等一系列重大战略的重大意义;等等。

在深入调研中找准本地区本部门本单位影响和制约高质量发展

的问题短板及其根源。通过高质量的调研，发现和系统梳理提高政治判断力、政治领悟力、政治执行力方面的差距，思想观念、思维方式、思路举措、工作方法方面的差距，深入贯彻新发展理念、加快构建新发展格局、推动高质量发展方面的差距，防风险、迎挑战、抗打压能力方面的差距，担当作为、干事创业方面的差距，宗旨意识、群众感情方面的差距，真正把自己摆进去、把职责摆进去、把工作摆进去。对照检视自身工作与党中央要求和群众愿望相比还存在哪些短板，找准问题症结，进行靶向治疗，及时提出并落实解决问题的举措办法。

在深入调研中增强推动高质量发展的担当和本领。习近平总书记指出："这次主题教育，要教育引导广大党员、干部学思想、见行动，树立正确的权力观、政绩观、事业观，增强责任感和使命感，不断提高推动高质量发展本领、服务群众本领、防范化解风险本领"。要通过高质量的调研，进一步深刻领悟"两个确立"的决定性意义，增强"四个意识"、坚定"四个自信"、做到"两个维护"，把坚持和加强党中央集中统一领导落实到推动高质量发展全过程各方面；胸怀两个大局，胸怀"国之大者"，坚持问题导向与目标导向、效果导向相结合，不断提高推动高质量发展的系统性、整体性、协同性；加强理论学习、厚实理论功底，保持战略定力，做到谋划时统揽大局、推进中细致精当、实操时下足"绣花功夫"；加强对实践经验的总结和对新情况、新问题的调查研究，弄清楚它们是怎么产生的、变化发展的趋势怎样、应该如何因势利导，通过探索和总结提高思想水平和工作能力；发扬"功成不必在我、功成必定有我”的精神，保持锐意进取、敢为人先、迎难而上的奋斗姿态，在推动高质量发展中积极作为，为推进强国建设、民族复兴的历史伟业贡献智慧和力量。

《人民日报》2023 年 5 月 23 日第 9 版

把握必须坚持问题导向的内涵、实质和方法

杜飞进

必须坚持问题导向深刻彰显了习近平新时代中国特色社会主义思想的世界观、方法论和贯穿其中的立场观点方法。深入学习习近平新时代中国特色社会主义思想，牢牢把握必须坚持问题导向在习近平新时代中国特色社会主义思想中的重要地位，明确必须坚持问题导向的实践要求。这对于深学细悟笃行习近平新时代中国特色社会主义思想，用党的创新理论武装头脑、指导实践、推动工作具有十分重要的意义。

必须坚持问题导向体现马克思主义立场观点方法

在习近平新时代中国特色社会主义思想中，必须坚持问题导向并非一般性的要求，而是上升到了世界观和方法论的高度，具有深

刻的哲学内涵。必须坚持问题导向是马克思主义的鲜明特点，是党的十八大以来党治国理政的突出特点，是推进马克思主义中国化时代化的现实着眼点。

必须坚持问题导向是对马克思主义基本原理的丰富和发展。习近平总书记指出："问题是事物矛盾的表现形式，我们强调增强问题意识、坚持问题导向，就是承认矛盾的普遍性、客观性，就是要善于把认识和化解矛盾作为打开工作局面的突破口。"这一重要论述不仅坚持了马克思主义关于事物矛盾运动的基本原理，而且突出了问题的重要价值和必须坚持问题导向的哲学意义。"问题"是马克思主义哲学的重要范畴，习近平总书记关于必须坚持问题导向的重要论述从重要哲学方法的意义上，精辟论述了必须坚持问题导向根植于辩证唯物主义和历史唯物主义的内在逻辑，指明了必须坚持问题导向的实质是实事求是、一切从实际出发，前提是取得正确认识，根本在于不断认识矛盾、解决矛盾，过程是发现问题、筛选问题、研究问题、解决问题，目的是在解决矛盾的过程中推动事物发展。这充分体现了新时代中国共产党人对马克思主义矛盾观的创造性发展，为我们认识世界、改造世界提供了有力思想武器。

必须坚持问题导向是对我国改革发展实践经验的理论升华。必须坚持问题导向，并不是从原理推出的结论，也不是书斋里的学问，而是对我国改革发展实践经验的理性总结和理论升华，是从我国改革发展实践中得出的一条规律性认识。习近平总书记指出："我们中国共产党人干革命、搞建设、抓改革，从来都是为了解决中国的现实问题。可以说，改革是由问题倒逼而产生，又在不断解决问题中得以深化。”回顾改革开放 40 多年来的历史，每一项改革实践突破和每一个重大理论创新，都是为了解决重大的实践或认识问题。新时代以来，国内外环境发生极为广泛而深刻的变化，我国发展面临一系列突出矛盾和挑战，这些矛盾和挑战以一个个具体问题的形式呈现出来。党的十八届三中全会《中共中央关于全面深化改革若干重大问题的决定》提出的 336 项重大改革举措，针对的正是不同领域的重大问题。正因为抓住了重大问题，新时代全面深化改革不断向深度和广度进军，各领域基础性制度框架基本建立，许多领域实现历史性变革、系统性重塑、整体性重构。当前和今后一个时期是以中国式现代化全面推进强国建设、民族复兴伟业的关键时期，我们仍然面临一系列亟待解决的问题。比如，推动高质量发展面临体制机制障碍；发展新质生产力面临科技创新能力制约；处理好政府和市场关系面临新的挑战；在经济承压前行中，保障和改善民生面临新的困难；在百年未有之大变局加速演进下，开放发展面临新的挑战；党面临的“四大考验”“四种危险”将长期存在，党的建设面临新的问题；等等。党的二十届三中全会《中共中央关于进一步全面深化改革、推进中国式现代化的决定》提出的 300 多项重要改革举措，都体现了鲜明的问题导向，都是为了解决重大问题开出的管用药方。我国改革发展实践特别是新时代以来全面深化改革的实践充分说明，必须坚持问题导向，顺应改革发展规律，在不断解决问题的过程中持续深化改革、促进发展，就能牢牢把握改革发展的主动权。

必须坚持问题导向是推进理论和实践创新的重要思想方法。

习近平总书记指出:“每个时代总有属于它自己的问题，只要科学地认识、准确地把握、正确地解决这些问题，就能够把我们的社会不断推向前进。”必须坚持问题导向作为思想方法和工作方法，集中体现了党的思想路线，它不仅表现在我们党着眼解决新时代改革开放和社会主义现代化建设的实际问题，在不断回答中国之问、世界之问、人民之问、时代之问中推进实践基础上的理论创新；而且表现在我们党运用与时俱进的理论成果更好指导中国实践，在研究问题、解决问题中推进新时代中国特色社会主义实践创新。比如，新时代以来，以习近平同志为核心的党中央围绕解决现代化建设中存在的突出矛盾和问题，概括形成中国式现代化的中国特色、本质要求和重大原则，初步构建中国式现代化的理论体系，推动中国式现代化不断实现理论和实践上的创新突破；面对我国发展中不平衡、不协调、不可持续情况依然突出，一些深层次体制机制问题和利益固化藩篱日益显现，有法不依、执法不严、违法不究等情况依然存在，党风廉政建设和反腐败斗争形势依然严峻复杂等问题，创造性提出“四个全面”战略布局，找到了解决问题、化解矛盾的新法宝，使我们的前进方向更明确、发展布局更科学、战略举措更有效；围绕回答我国发展的目的、动力、方式、路径等一系列理论和实践问题，创造性提出新发展理念，阐明了我们党关于发展的政治立场、价值导向、发展模式、发展道路等重大政治问题，带来了关系我国发展全局的一场深刻变革；针对我国转变发展方式关键阶段出现的劳动力成本上升、资源环境约束增大、粗放的发展方式难以为继、经济循环不畅等问题，创造性提出推动高质量发展，明确了全面建设社会主义现代化国家的首要任务，找到了发展新质生产力这一推动高质量发展的内在要求和重要着力点，推动了高质量发展取得明显成效；等等。这些具有原创性、标识性的概念和理论成果，这些具有历史性、革命性、开创性的实践突破，都是以习近平同志为核心的党中央把必须坚持问题导向贯穿发展始终，以问题为牵引不断推进理论和实践创新的结果。

必须坚持问题导向是抓好工作落实的重要要求。习近平总书记指出："推进党和国家各项工作，必须坚持问题导向"。党的十八大以来，习近平总书记在开创中国特色社会主义新时代的伟大实践中，不仅把必须坚持问题导向作为治国理政的基本方法，而且把它作为抓好工作落实的重要要求，使必须坚持问题导向的工作要求覆盖改革发展的各方面全过程。比如，习近平总书记在省部级主要领导干部学习贯彻党的二十届三中全会精神专题研讨班上的重要讲话中，强调"改革必须坚持问题导向"；在二十届中央纪委三次全会上的重要讲话中，强调"推进党的自我革命必须坚持问题导向，保持战略定力，标本兼治、综合施策、协同发力、锲而不舍、久久为功"；在二十届中央政治局第二次集体学习时的重要讲话中，强调"必须坚持问题导向和系统观念，着力破除制约加快构建新发展格局的主要矛盾和问题"；等等。在地方考察中，习近平总书记也多次强调必须坚持问题导向。比如，2023 年 7 月，在江苏考察时强调，"聚焦实际问题抓落实，在抓落实上取得新实效"；2023 年 9 月，在黑龙江省哈尔滨市主持召开新时代推动东北全面振兴座谈会时强调，"坚持目标导向和问题导向相结合，坚持锻长板、补短板相结合，坚持加大支持力度和激发内生动力相结合，咬定目标不放松，敢闯敢干加实干，努力走出一条高质量发展、可持续振兴的新路子，奋力谱写东北全面振兴新篇章”；2024 年 3 月，在湖南考察时强调，“进一步全面深化改革要突出问题导向，着力解决制约构建新发展格局和推动高质量发展的卡点堵点问题、发展环境和民生领域的痛点难点问题、有悖社会公平正义的焦点热点问题，有效防范化解重大风险，不断为经济社会发展增动力、添活力”；等等。在习近平新时代中国特色社会主义思想中，必须坚持问题导向是对各级干部履职尽责的基本要求，要求各级干部必须把问题作为研究制定政策的起点，把工作的着力点放在解决最突出的矛盾和问题上，把化解矛盾、破解难题作为打开局面的突破口，在领导岗位上、在主管工作中解决新问题、打开新局面。

当前对必须坚持问题导向贯彻不力的个别现象及其根源

党的十八大以来，广大党员干部深入学习贯彻习近平新时代中国特色社会主义思想，对贯穿其中的立场观点方法的掌握越来越深入，对必须坚持问题导向打开局面、推动工作的自觉性、能动性也大大提高。同时也要看到，在实际工作中，仍然存在对必须坚持问题导向贯彻不力、问题意识不强的个别现象，从而导致对党中央决策部署的贯彻落实打了一些折扣，需要我们在实践中加以注意。

一是不深入掌握基本原理，对问题想得不深。之所以发生这种情况，往往是因为对习近平总书记关于必须坚持问题导向的重要论述的精髓要义掌握不深，对其中的基本原理和思想方法只知其一、不知其二，只知道干工作、抓落实要抓住问题，却不清楚要抓什么样的问题。其中，有的是不清楚客观事物中往往包含着许多矛盾，客观事物的性质取决于主要矛盾的主要方面，抓问题就是要抓主要矛盾和矛盾的主要方面，并予以重点解决。这样的干部因为抓不住工作重点、眉毛胡子一把抓，陷入对一个个“孤立”问题的疲劳应对中，导致忙而无效。有的是不清楚矛盾往往具有相互联系的特性，也不清楚旧的问题解决了，新的问题随时可能产生，以为能够一劳永逸地解决问题，结果往往是在解决完一个问题准备松劲歇脚的时候，却被意想不到的情况打了个措手不及，甚至前功尽弃。对习近平总书记关于必须坚持问题导向的重要论述的精髓要义理解不深、掌握不好，根源在于学习浮在表面，没有进行深入思考，是惰性作祟的缘故。

二是不深入掌握社情民意，对问题抓得不准。之所以发生这种情况，往往是因为对必须坚持问题导向的实质在于一切从实际出发的理解不到位，只追求调查研究的形式和数量，却没有真正深入基层、深入实际，车子转一转、工程看一看、干部谈一谈、群众见一见，调查研究就结束了。这样所谓的调查研究，自然难以真正掌握真实情况。于是在这些干部中，有的主要从下级汇报和文件中了解“社情民意”，有的把从网上、社交平台上得到的一些碎片化认知拼凑成“社情民意”，还有的坐在办公室中把主观臆想的情况当成“社情民意”。从这些所谓的“社情民意”出发，自然难以抓到真问题、找准主要问题、抓住关键问题。更有甚者，有的抓住从间接渠道得到的“伪问题”大做文章，搞得下级苦不堪言，基层负担繁重；有的自以为为群众办好事，办的却是群众不需要的事，而对群众真正需要办的事却久拖不办，跟群众的距离越拉越远。出现这些情况的根源，在于形式主义、官僚主义作祟，政绩观错位、责任心缺失，脱离群众、脱离实际。形式主义、官僚主义是党和国家事业发展的大敌，党员干部必须警醒之、力避之。

三是不深入掌握发展大势，对问题想得不远。之所以发生这种情况，往往是因为孤立静止地看待事物，不能预见事物的发展变化，也没有认识到只有准确研判形势、善于把握大势，才能找准问题发生的源头和症结。其中，有的是缺乏系统观念，无法做到对各种新老问题统筹把握、系统解决。有的是缺乏全局观念，不能对各种矛盾做到心中有数，不善于从老问题及其发展变化中把握事物的规律性，从新问题及其生发萌芽中发现事物的趋势性，对各项工作缺乏预见性和前瞻性，因而难以把握战略全局、掌握战略主动。还有的缺乏大局意识，心里只有自己的一亩三分地，只打自己的小算盘，不会算大账、算长远账，短期看本地区本部门本单位似乎占了便宜，长期看却吃了大亏。比如，对于发展新质生产力，有的地方有盲目上战略性新兴产业、未来产业的冲动，什么产业热就追什么产业，而没有关注本地的发展实际、分析相关产业的发展趋势和全国乃至全球的产业布局情况，这就很可能造成低水平重复建设，形成资源浪费。

上述种种现象的存在，说明做到必须坚持问题导向，既要加强学习，改造主观世界；又要力戒形式主义、官僚主义，锤炼优良作风；还要讲究工作方式方法，改造客观世界。

必须坚持问题导向，奋力打开改革发展新天地

习近平总书记在省部级主要领导干部学习贯彻党的二十届三中全会精神专题研讨班上指出：“要增强政治责任感、历史使命感，以攻坚克难、迎难而上的政治勇气，直面矛盾问题不回避，铲除顽瘴痼疾不含糊，应对风险挑战不退缩，奋力打开改革发展新天地。”党的二十届三中全会对进一步全面深化改革作出全面部署，吹响了进一步全面深化改革的号角。推动党的二十届三中全会精神更好贯彻落实，必须坚持问题导向，把问题导向作为谋划改革、促进发展的抓手，不断打开改革发展新天地。

不断培育发现和筛选问题的眼光。习近平新时代中国特色社会主义思想是认识世界、改造世界的锐利思想武器。培育发现和筛选问题的眼光，首先要学深悟透习近平新时代中国特色社会主义思想，学会运用这一重要思想的世界观、方法论和贯穿其中的立场观点方法，不断提高发现问题、抓住真正问题、把握深层问题的辨别力和敏锐性。同时，实践是认识的来源，对现实问题的发现，只能来自现实本身。调查研究是谋事之基、成事之道，是形成发现和筛选问题眼光的基础。通过调查研究掌握实情、抓住症结、解决问题，是习近平总书记始终坚持的工作方法。1988 年，习近平同志一到福建宁德赴任，就深入基层，听民声，察实情，逐步形成“四下基层”工作制度，带领宁德党员干部群众“滴水穿石”“弱鸟先飞”。2024 年是实现“十四五”规划目标任务关键一年，习近平总书记在国内考察调研的足迹遍布 12 省区市和澳门特别行政区，为进一步全面深化改革、推进中国式现代化谋篇布局。全面深入的调查研究，

是研究问题、制定政策、推进工作的基础。当前，我国改革开放和社会主义现代化建设面临的重大现实问题、全局性战略问题、人民群众关心关注的热点难点问题，在不同地方有不同的表现。各地要从本地实际出发，摸清改革发展面临的具体问题，制定切合实际的改革举措，使其更加符合客观实际、符合群众需要，把党中央重大决策部署创造性地落到实处。

不断强化研究和分析问题的思维。注重研究和分析问题，是必须坚持问题导向的题中应有之义，是从发现问题、筛选问题到解决问题必不可少的重要环节。只有把问题研究深、分析透，才能找到解决问题的方法和路径。为此，要把必须坚持问题导向和必须坚持系统观念、目标导向有机结合起来，在统筹把握中提高研究问题、分析问题的思维能力。必须坚持问题导向与必须坚持系统观念、目标导向，是辩证统一、相辅相成的。问题是矛盾的表现形式，而矛盾是具有系统性的。统筹把握必须坚持问题导向与必须坚持系统观念，内在要求坚持“两点论”和“重点论”的统一，厘清主要矛盾和次要矛盾、矛盾的主要方面和次要方面，以重点突破带动整体推进，在整体推进中实现重点突破。目标是指南针，问题是突破口。问题导向是从当前存在的问题出发，思考工作的切入点；目标导向是从要实现的目标出发，谋划长远和整体工作思路。统筹把握必须坚持问题导向和目标导向，既要从目标倒推，列出时间表、路线图，又要从紧迫问题入手，牵住“牛鼻子”，从而更加全面系统地研究和解决改革发展中存在的突出问题。当前，我国经济社会发展过程中各种矛盾错综复杂。在研究和分析问题时，只有把必须坚持问题导向和必须坚持系统观念、目标导向有机统一起来，才能做到当前和长远相统筹、全局和局部相兼顾、渐进和突破相衔接，在进一步全面深化改革中协调好各方利益关系；才能用普遍联系的、全面系统的、发展变化的观点分析问题，以全局观念谋划各项改革发展举措，使其协调配套、同向发力、形成合力，增强整体效能。

不断增强解决问题的能力。习近平总书记在2022年春季学期中央党校（国家行政学院）中青年干部培训班开班式上指出："所有实际能力的获得都要靠实践""大家一定要坚持理论和实践相结合，注重在实践中学真知、悟真谛，加强磨练、增长本领。这方面，关键是要虚心用心，甘当'小学生'"。人民群众是历史的创造者，人民群众中蕴藏着巨大智慧和力量。深入基层掌握第一手材料、到人民群众中求教，是我们党研究问题、解决问题的基本方法，也是密切党同人民群众血肉联系的基本途径。习近平总书记要求广大党员干部"扑下身子、沉到一线""把脉问诊、解剖麻雀，进行问题梳理、难题排查"，强调"既看'高楼大厦'又看'背阴胡同'，真正把情况摸清、把问题找准、把对策提实"。把情况摸清、把问题找准、把对策提实，就要多到困难多、群众意见集中、工作打不开局面的地方，同群众交流，向群众请教。广大党员干部要真正把自己当作群众的一员、把群众的事当作自己的事，带着感情向群众认真学习，带着问题向群众虚心求教，甘当人民群众的"小学生"。干部对群众敞开心扉，群众对干部就会无所保留，好点子、好办法就会在面对面交流中形成。要通过解剖麻雀、典型分析等方式，深入发掘人民群众创造的好点子、好经验，并在改革发展实践中不断梳理归纳、提炼总结，把群众的“金点子”转化成为解决问题的“金钥匙”。还要看到，改革开放以来，我国经济社会快速发展，新现象、新事物层出不穷，社会利益格局深刻变化，群众思想观念日益多样，基层情况千差万别。广大党员干部要扩大联系群众的覆盖面，全面了解群众的所思所想所盼，这样才能解决好群众的急难愁盼问题，让群众有更多、更直接、更实在的获得感、幸福感、安全感。

不断坚定紧盯问题不放的决心。习近平总书记强调：“不能说老问题没处理完，新问题就可以歇一歇、放一放。解决老问题是当务之急，但也要重视新问题，得同步抓。”新征程上，我国发展仍面临不少问题亟待解决。这些问题有的是老问题，如发展不平衡不充分问题及其诸多表现形式；也有大量随着形势发展变化出现的新问题，如创新能力不适应高质量发展要求等；还有发展站上更高台阶后必然会遇到的问题，如新旧动能转换等。多数情况下，新问题和老问题是相互联系、相互影响的，不能截然分开。旧的问题解决了，新的问题又会产生，这决定了改革只有进行时、没有完成时。以进一步全面深化改革推进中国式现代化，就要有紧盯问题不放的决心，在不断解决问题中推动事业持续向前发展。为此，要保持战略定力，锤炼务实作风，必须坚持问题导向，盯着问题去、追着问题走，把解决问题作为检验能力水平的试金石。要砥砺担当精神，以咬定青山不放松的耐心和恒心，以“功成不必在我”的精神境界和“功成必定有我”的历史担当，在实践中真抓实干、攻坚克难，以钉钉子精神抓好问题解决和改革落实。还要树立世界眼光，胸怀“国之大者”，把国内问题和国际问题联系起来全面考虑、整体考量，拓宽研究和分析问题的国际视野，找到解决问题、推进事业发展的科学路径。

新征程上，必须坚持问题导向，就必须坚持人民至上的根本价值取向，把人民对美好生活的向往作为奋斗目标，奋力打开改革发展新天地。

《人民日报》2025 年 2 月 27 日第 9 版

要了解实际，
就要掌握调查研究这个基本功

——深入理解和践行习近平总书记关于调查研究的重要论述

欧阳辉

2012年12月，习近平总书记主持召开中共中央政治局会议，审议通过《十八届中央政治局关于改进工作作风、密切联系群众的八项规定》，把“改进调查研究”摆在第一位；2023年3月，中共中央办公厅印发《关于在全党大兴调查研究的工作方案》……党的十八大以来，习近平总书记高度重视调查研究工作，发表一系列重要讲话，作出一系列重要指示批示，深刻阐释了什么是调查研究、为什么要重视调查研究、怎样做好调查研究等重要问题，把我们党对调查研究的认识提升到新高度，为全党大兴调查研究、做好各项工作提供了根本遵循。

当前，我国发展面临新的战略机遇、新的战略任务、新的战略阶段、新的战略要求、新的战略环境，广大党员干部要深入理解和践行习近平总书记关于调查研究的重要论述，切实弄清楚人民群众的急难愁盼，弄清楚基层亟待解决的突出问题，坚持干字当头，有针对性地加以研究和解决，为以中国式现代化全面推进强国建设、民族复兴伟业注入强劲动力。

调查研究是马克思主义世界观和方法论的集中体现，是贯彻党的思想路线和群众路线的内在要求

马克思主义是我们立党立国、兴党兴国的根本指导思想，辩证唯物主义和历史唯物主义是马克思主义世界观和方法论。关于什么是调查研究，习近平总书记从马克思主义世界观和方法论的高度，从党的思想路线和群众路线的层面，深刻阐明了调查研究的科学内涵和精神实质。

马克思主义认识论和党的思想路线的辩证统一。2020 年 9 月，习近平总书记在基层代表座谈会上深刻论述了我们党对调查研究的重视："实事求是是我们党的思想路线的重要内容，早在延安时期，毛泽东同志就强调'共产党员应是实事求是的模范'，'只有实事求是，才能完成确定的任务'，认为调查研究的方法'第一是眼睛向下，不要只是昂首望天'，'第二是开调查会'。"2021 年 9 月，在中央党校（国家行政学院）中青年干部培训班开班式上，习近平总书记强调："要了解实际，就要掌握调查研究这个基本功。"党的思想路线是一切从实际出发，理论联系实际，实事求是，在

实践中检验真理和发展真理，这是用中国化的话语对马克思主义世界观和方法论的精辟概括，也是马克思主义认识论的集中体现。习近平总书记指出："实践的观点、生活的观点是马克思主义认识论的基本观点"。在实践—认识—再实践—再认识中使主观与客观相符合，离不开对客观实际的深入调查和系统研究。党员干部要认识到，之所以说调查研究是了解实际、做好各项工作的基本功，正是把马克思主义认识论运用于实际工作而得出的客观结论，彰显马克思主义认识论和党的思想路线辩证统一。

马克思主义群众观点和党的群众路线的内在融通。沧桑几度路漫漫，风雨如磐水迢迢。习近平总书记指出："开展调查研究就是走群众路线""不论过去、现在和将来，我们都要坚持一切为了群众，一切依靠群众，从群众中来，到群众中去，把党的正确主张变为群众的自觉行动，把群众路线贯彻到治国理政全部活动之中。"群众路线是党的性质宗旨的集中体现，也是马克思主义群众观点的具体呈现。正是通过调查研究这座桥梁，实现了马克思主义群众观点和党的群众路线的内在融通。党的思想路线指明了认识世界、改造世界的过程，而这一过程必须经由"从群众中来，到群众中去"才能实现。习近平总书记指出："人民性是马克思主义的本质属性，党的理论是来自人民、为了人民、造福人民的理论，人民的创造性实践是理论创新的不竭源泉。"党员干部要认识到，只有通过深入群众的调查研究，真正把群众面临的问题发现出来，把群众的意见反映上来，把群众创造的经验总结出来，才会获得正确反映客观规律的认识，才能制定出符合客观规律的科学决策；也只有使这种认识和科学决策为人民群众所掌握，才能把党的正确主张变为人民群众的自觉行动，从而实现认识世界、改造世界的目的。

推进党的理论创新和加强党的理论武装的有机联系。理论是实践的产物，实践是理论的源泉。党的理论创新是一个从实践到认识、从物质到精神的辩证运动过程，而党的理论武装是一个从认识到实践、从精神到物质的辩证运动过程，二者有机联系、相得益彰。习近平新时代中国特色社会主义思想正是在新时代的伟大实践中应运而生的。党的十八大以来，习近平总书记深入开展调查研究，对关系新时代党和国家事业发展的一系列重大理论和实践问题进行深邃思考和科学判断，创造性提出了一系列治国理政新理念新思想新战略，深刻回答了中国之问、世界之问、人民之问、时代之问。大力弘扬调查研究的优良传统，“使调研的过程成为加深对党的创新理论领悟的过程，成为保持同人民群众血肉联系的过程，成为推动事业发展的过程”，就能更深刻掌握新时代党的创新理论最新成果的立场观点方法、科学思想体系，增进对党的创新理论的政治认同、思想认同、理论认同、情感认同，不断谱写马克思主义中国化时代化新篇章。加强党的理论武装同样离不开调查研究，深入学习贯彻习近平新时代中国特色社会主义思想，目的在于指导实践。党员干部要认识到，只有把握好习近平新时代中国特色社会主义思想的世界观和方法论，坚持好、运用好贯穿其中的立场观点方法，不断调查新情况、研究新形势、解决新问题、总结新经验、探索新规律，才能使当代中国马克思主义、21 世纪马克思主义成为改造主观世界和客观世界的强大思想武器。

调查研究是谋事之基、成事之道，是做好各项工作的基本功

不谋万世者不足谋一时，不谋全局者不足谋一域。立足中华民族伟大复兴战略全局和世界百年未有之大变局，习近平总书记从历史长河、时代大潮、全球风云中总结调查研究经验做法、探究发展方向，就为什么要重视调查研究发表一系列重要讲话，以全新视野深化了我们党对调查研究规律的认识和把握。

基于经验做法提出“调查研究是谋事之基、成事之道”。了解历史才能看得远，理解历史才能走得远。回顾中国共产党的发展历史，什么时候全党重视调查研究，党和人民事业就顺利发展；什么时候轻视或忽视调查研究，党和人民事业就会遭到挫折、遭受损失。调查研究是谋事之基、成事之道，是我们党百余年历史经验的总结，更是新时代实践经验的升华。习近平总书记在浙江考察时指出：“20 多年来，通过持之以恒实施‘八八战略’，浙江实现了从资源小省到经济大省、从环境‘压力山大’到建设美丽浙江、从率先实现总体小康到实现高水平全面小康的历史性飞跃，也为全国作出了示范。”鉴往而知来，温故而知新。习近平同志到温州、台州等地反复调研，提出再造浙江体制机制新优势的一系列举措；到杭州、宁波调研，抓住城镇化进程中工业化和城镇化的关系，着力探讨如何加快构建具有较强辐射力和凝聚力的大城市；到湖州、嘉兴、绍兴调研，提出以上海为中心，加快融入长三角区域经济发展步伐，在此基础上形成了“八八战略”。一以贯之重视调查研究，坚实的足迹里浸润着真理的伟力、奋进的力量。习近平同志曾扛着自行车蹚

过滹沱河，在河两岸走村串户访民情，推动河北正定摘下“高产穷县”帽子，走上发展“半城郊型”经济之路；曾走遍闽东9县察实情，在艰难跋涉中感知百姓疾苦，提出“弱鸟先飞”理念。在福州，正是2/3以上的时间都在基层调查研究、思考酝酿，才有了“3820”战略工程；在上海，深入走访街道、乡村、企业、学校、“两新”组织等，推进各项工作开创新局面。

着眼时代使命指出“没有调查，就没有发言权，更没有决策权”。中国特色社会主义进入新时代，面对我国社会主要矛盾转化这一关系全局的历史性变化，习近平总书记着眼时代使命，指出“正确的决策离不开调查研究，正确的贯彻落实同样也离不开调查研究”，强调“要在全党大兴调查研究之风”，身体力行、率先垂范，为全党树立了光辉典范。2012年12月，习近平总书记来到改革开放的前沿广东，提出“我们要尊重人民首创精神，在深入调查研究的基础上提出全面深化改革的顶层设计和总体规划”。在调研中思索，在思索中调研，中国波澜壮阔的改革由局部探索、破冰突围到系统集成、全面深化，一路走来，步履坚实。知者行之始，行者知之成。“我提出精准扶贫战略，就是在深入调查研究的基础上提出来的”，习近平总书记先后7次主持召开中央扶贫工作座谈会，50多次深入基层调研扶贫工作，走遍了14个集中连片特困地区，带领全党全国各族人民打赢了脱贫攻坚战；党的二十大报告正是听民意、汇民智、聚民心的结晶，习近平总书记先后主持召开5场座谈会，党内外各方面的许多意见建议都得到了采纳。新时代采取的一系列战略性举措，推进的一系列变革性实践，实现的一系列突破性进展，取得的一系列标志性成果，都凝结着习近平总书记一次又一次调查研究付出的心血和获得的智慧。

立足责任担当强调“调查研究是做好工作的基本功”。什么是基本功？对领导干部和年轻干部，习近平总书记都提出过明确要求，“要教育引导党员、干部特别是领导干部提高辩证思维、系统思维能力，带着问题深入调查研究，善于透过现象看本质，提高把握问题实质、把握矛盾规律的能力”。知识和经验犹如雄鹰之双翼，只有经风雨、见世面，才能飞得更高、飞得更远，年轻干部“一定要学会调查研究，在调查研究中提高工作本领”。为什么要提高基本功？随着新一轮科技革命和产业变革深入发展，国际力量对比深刻调整，我国发展进入战略机遇和风险挑战并存、不确定难预料因素增多的时期，习近平总书记指出“国内外形势极为复杂多变，新情况新问题层出不穷，加强学习和调查研究是提高经济工作能力和水平的重要途径”，强调“现在，经济形势变化很快，我们不熟悉、不知道的事情很多，要做好工作，就要深入调研、加强分析、加强学习、提高本领”，要求“我们要重视调查研究，注重加强战略谋划，提高观大势、定大局、谋大事的能力，提高应对重大挑战、抵御重大风险、克服重大阻力、解决重大矛盾的领导能力”。怎样练就基本功？耳闻之不如目见之，目见之不如足践之。在浙江工作期间，习近平同志提出：“调查研究多了，基层跑遍、跑深、跑透了，我们的本领就会大起来”。

坚持调查研究是我们党做好工作的传家宝，是推进中国式现代化的思想方法和工作方法

调查研究是我们党极其宝贵的精神财富，是中国共产党人认识世界和获得真理的方法论。胸怀“国之大者”、心系民之关切，习近平总书记就怎样做好调查研究，既部署“过河”的任务，又指导解决“桥或船”的问题，为进一步全面深化改革、推进中国式现代化明确了思想方法和工作方法。

坚持问题导向和目标导向相结合。问题是时代的声音，必须坚持问题导向是习近平新时代中国特色社会主义思想世界观和方法论的重要内容。习近平总书记指出“要提高调查研究能力，坚持问题导向，深入实际摸清真实情况，集合众智提出解决办法，努力使对策建议有的放矢、切中要害”，强调“改革是由问题倒逼而产生，又在不断解决问题中得以深化”。回顾改革开放特别是党的十八大以来的改革历程，我国的改革把解决实际问题作为调查研究的出发点和落脚点，坚持问题导向和目标导向相结合，奔着问题去、盯着问题改，取得了历史性伟大成就。改革开放没有完成时，只有进行时，前进道路上的问题只能通过深化改革来解决。习近平总书记指出：“进一步全面深化改革要直面问题。强化问题意识，突出问题导向，围绕发展所需，顺应民心所向，着力解决制约高质量发展的堵点问题、影响社会公平正义的热点问题、民生方面的难点问题、党的建设的突出问题、各领域的风险问题，增强改革的针对性、实效性。”党的二十届三中全会绘就了进一步全面深化改革的新蓝图，必须瞄准宏伟目标，以钉钉子精神抓好落实。只有坚持问题导向和目标导

向相结合，深入基层、深入一线开展高质量的调查研究，把问题的表现形式、形成原因和危害性等搞清楚，辨明哪些是思想观念方面的问题、哪些是体制机制的问题、哪些是能力不足的问题，才能找准改革的发力点和突破口，有的放矢推出有效举措，在解决问题中为中国式现代化注入源源不断的动力。

坚持优良作风和科学方法相促进。“一语不能践，万卷徒空虚。”衡量调查研究搞得好不好，关键要看调查研究的实效，看调研成果的运用，看能不能把问题解决好。习近平总书记指出“要拜人民为师，向人民学习，放下架子、扑下身子，接地气、通下情，‘身入’更要‘心至’”，强调“抓住老百姓最急最忧最怨的问题，解决好群众最关心最直接最现实的利益问题”，并把大兴调查研究之风同反对“四风”结合起来，提出“不能搞到工作成绩突出的地方调研多、到情况复杂和矛盾突出的地方调研少的‘嫌贫爱富’式调研”，也“不能搞作秀式调研、盆景式调研、蜻蜓点水式调研”，要“切实把调研成果转化为解决问题、改进工作的实际举措，防止调查多研究少、情况多分析少，提出的对策建议大而化之、空洞抽象、不解决实际问题”。优良作风和科学方法犹如车之双轮、鸟之两翼，两者相互联系、相互促进。调查研究包括调查和研究两个环节，习近平总书记要求调查环节善于抓住典型，强调“既到工作局面好和先进的地方去总结经验，又到群众意见多的地方去，到工作做得差的地方去，到困难较多、情况复杂、矛盾尖锐的地方去调查研究”；研究环节善于把握规律，指出“要更加注重对国内外经济形势的分析和预判，完善决策机制，注重发挥智库和专业研究机构作用，提高科学决策能力，确保制定的重大战略、出台的重要政策措施符合客观规律”。深入学习贯彻《关于在全党大兴调查研究的工作方案》，大力推进中国式现代化，进一步提高人民群众的获得感、幸福感、安全感，就要坚持优良作风和科学方法相促进，拥抱更美好的智能时代，运用人工智能等技术，增强调查研究的科学性和实效性。

坚持常态化和制度化相协调。实践发展永无止境，调查研究也永无止境，常态化制度化是保障调查研究经常性和有效性开展的基础。2011 年 11 月，习近平同志要求各级领导干部“不论阅历多么丰富，不论从事哪一方面工作，都应始终坚持和不断加强调查研究”。党的十八大以来，习近平总书记更是对调查研究常态化制度化提出了明确要求。党章党规党纪也对调查研究作出了具体规定。比如，《中国共产党章程》规定，“坚持解放思想，实事求是，与时俱进，开拓创新，认真调查研究，能够把党的方针、政策同本地区、本部门的实际相结合，卓有成效地开展工作，讲实话，办实事，求实效”。再如，《关于新形势下党内政治生活的若干准则》规定：“坚持领导干部调查研究、定期接待群众来访、同干部群众谈心、群众满意度测评等制度。”木受绳则直，金就砺则利。党的二十届三中全会通过的《中共中央关于进一步全面深化改革、推进中国式现代化的决定》提出：“持续精简规范会议文件和各类创建示范、评比达标、节庆展会论坛活动，严格控制面向基层的督查、检查、考核总量，提高调研质量，下大气力解决过频过繁问题。”制度的生命力在于执行，关键在真抓，靠的是严管。坚持常态化和制度化相协调，在具体实践中不断完善调查研究制度，切实抓好贯彻落实，不断提高调研质量，为推进中国式现代化提供制度保障。

潮平两岸阔，风正一帆悬。党中央决定自 2025 年全国两会后至 7 月在全党开展深入贯彻中央八项规定精神学习教育。习近平总书记高度重视，亲自谋划确定学习教育主题，发表重要讲话，作出重要指示，为开展学习教育指明了方向。我们要把深入学习贯彻习近平总书记重要讲话和重要指示批示精神，同深入理解和践行习近平总书记关于调查研究的重要论述结合起来，深刻领悟“两个确立”的决定性意义，坚决做到“两个维护”，切实把思想和行动统一到以习近平同志为核心的党中央决策部署上来，以高质量的调查研究成果为推动实现高质量发展作出新贡献。

《人民日报》2025 年 3 月 18 日第 9 版

调查研究是建构中国自主知识体系的重要方法

秦　宣

在新的历史起点上继续推动文化繁荣、建设文化强国，必须着力构建中国特色哲学社会科学。加快构建中国特色哲学社会科学，归根结底是建构中国自主的知识体系。建构自主知识体系是一项庞大的系统工程，必须掌握正确的方法。调查研究无疑是新时代建构自主知识体系的一个重要方法。

调查研究是马克思主义认识论的基本要求，也是推进理论创新、知识创新的一条宝贵路径

知识是人们在认识世界和改造世界的过程中所获得的认识与经验的总和，包括经验知识和理论知识。知识体系是一个涵盖经济、政治、文化、社会、生态各领域，囊括传统学科、新兴学科等诸多

学科的全方位、全领域、全要素的知识系统。纵观人类知识体系、思想谱系的发展历程，不难发现，任何知识的获取，都离不开人类认识世界、改造世界的实践活动，都离不开调查研究。正如毛泽东同志所说，“人的正确思想是从哪里来的？是从天上掉下来的吗？不是。是自己头脑里固有的吗？不是。人的正确思想，只能从社会实践中来”。

坚持调查研究，是辩证唯物主义认识论的基本要求。实践是思想之基、理论之源、学术之本，实践的观点是马克思主义认识论的第一和基本的观点。理论来自实践、指导实践，又要在实践中经受检验。一个正确的思想认识，往往需要经过由实践到认识、再由认识到实践这样多次反复才能形成。人类社会知识体系的形成、发展、演化，离不开深入实际、调查研究。游离实践、闭目现实，知识体系也就失去了发生的根本、发展的动力，失去了存在的条件。

调查研究是谋事之基、成事之道。坚持调查研究是我们党的一个基本工作方法和优良传统。新民主主义革命时期，为研判世情国情的变化，找到适合中国国情的革命道路，毛泽东同志曾开展了数十次调查研究。1941 年，中共中央颁布《关于调查研究的决定》和《关于实施调查研究的决定》，将调查研究确立为党的一项重要工作制度。社会主义革命和建设时期，为探索适合中国国情的社会主义改造道路和社会主义建设道路，以毛泽东同志为主要代表的中国共产党人进一步通过调查研究发现问题、分析问题、解决问题。改革开放和社会主义现代化建设新时期，我们党积极开展国际国内调查研究，把握了改革开放主动权。党的十八大以来，习近平总书记高度重视调查研究工作，多次作出重要论述和指示批示，深刻阐释了什么是调查研究、怎样开展调查研究等根本问题，并以身作则，围绕新时代重大时代课题深入开展调查研究，推动党和国家面貌发生新的历史性变化。实践证明：什么时候全党从上到下重视调查研究，工作指导方针符合客观实际，党的事业就能顺利发展；什么时候忽视调查研究，就会导致主观与客观相脱离，造成工作中的失误，使党和人民的事业遭受损失甚至挫折。

坚持调查研究是我们党在推进马克思主义中国化时代化进程中积累的一条宝贵经验。百年来，中国共产党之所以能够开辟适合中国国情的革命道路和社会主义建设道路，开创中国式现代化，开创人类文明新形态，不断开辟马克思主义在中国发展的新境界，最根本的是坚持理论与实际相结合，把马克思主义基本原理同中国具体实际相结合、同中华优秀传统文化相结合，运用马克思主义的立场观点方法，正确认识世情国情党情的新变化，不断进行实践基础上的理论创新，创立了毛泽东思想、邓小平理论，形成了“三个代表”重要思想、科学发展观，创立了习近平新时代中国特色社会主义思想。这些重大理论成果蕴含的知识体系、思想体系、话语体系，都是党和人民实践经验和集体智慧的结晶，都源自人民的智慧、人民的探索、人民的创造。这些重大理论成果的形成发展，不是闭门造车、坐而论道得来的，而是始终以调查研究为前提、为依据。

调查研究是建构中国自主知识体系的基础

中国自主知识体系是中国特色哲学社会科学各种知识、观念、方法、命题、理论的集成，是构建中国特色哲学社会科学学科体系、学术体系、话语体系的基础。建构自主知识体系，不能脱离时代、脱离实际，不能从主观愿望出发，必须开展调查研究。

只有深入调查研究，才能准确把握建构自主知识体系的目标要求。建构自主知识体系，必须具有问题意识，着眼于回答中国之问、世界之问、人民之问、时代之问。为此，必须时刻关注急剧动荡变革的世界格局，及时了解事关党和国家全局性、根本性、关键性的重大问题。只有加强调查研究，才能充分把握当今时代新变化、新特征，充分认识中华民族伟大复兴战略全局和世界百年未有之大变局带来的新情况、新问题，才能明确建构自主知识体系所要解决的重大理论和实践课题。

只有深入调查研究，才能了解建构自主知识体系的现实状况。建构自主知识体系，是中国特色哲学社会科学体系建设的基础性、战略性工程。改革开放以来，特别是党的十八大以来，我国哲学社会科学事业取得长足进步，围绕党和国家事业发展的全局性问题形成了一大批成果，建构自主知识体系有了良好基础，但也存在不少短板。只有进行调查研究，才能对现有成果进行客观评价，才能对建构自主知识体系的有利条件和存在的问题有准确把握，才能找出建构自主知识体系的更有效办法。

只有深入调查研究，才能把握当今世界知识创新前沿。当今时代，人类知识的生产、传播与创新呈现出一系列新特征，知识总量之大、更新速度之快、传播方式之便捷前所未有。据联合国教科文组织统计，人类近 30 年来所积累的科学知识，占有史以来科学知识总量的 90%。只有加强调查研究，才能充分了解历史上不同知识体系建构的历程和主要成果，了解当今世界不同知识体系的特点和优势、各国不同学科的研究前沿状况，进而把握当今时代知识生产给建构中国自主知识体系带来的机遇和挑战。

只有深入调查研究，才能充分挖掘利用好中华优秀传统文化的宝贵资源，传承哲学社会科学的民族基因。中华民族的深厚文化传统，体现了几千年来积累的知识智慧和理性思辨，是建构自主知识体系的思想基础和宝贵资源。只有开展广泛深入的调查研究，才能弄清楚中华传统文化中有哪些主张与马克思主义相契合，有哪些内容能够跨越时空、超越国度、富有永恒魅力、具有当代价值，进而充分发掘和阐发那些有助于建构知识体系的资源，高质量实现中华优秀传统文化的创造性转化和创新性发展。

只有深入调查研究，才能科学总结伟大变革积累的实践经验。知识创新的动力来自实践。当代中国正经历着我国历史上最为广泛而深刻的社会变革，也正在进行着人类历史上最为宏大而独特的实践创新。这种前无古人的伟大实践，必将给理论创造、学术繁荣提供强大动力和广阔空间，为我们破解重大难题、推动学术创新提供最好的素材和案例，使我们能够推动理论研究的创新突破，形成原创性观点、方法、知识，构建更有解释力、说服力的学术体系。只有深入调查研究，才能将新时代创造的新奇迹、新经验、新优势转化为标识性概论范畴，才能把人民在创造性实践中总结的新鲜经验上升为理性认识，提炼出新的理论成果。

只有深入调查研究，才能吸收外来，借鉴国外哲学社会科学有益成果。“自主”绝非“自闭”。建构自主知识体系，绝不是为了孤芳自赏，而是为了加强世界沟通，为人类文明贡献中国智慧。建构自主知识体系，必须以海纳百川的胸怀广泛吸收和借鉴世界哲学社会科学取得的积极成果，在“人类知识的总和”中汲取优秀思想文化资源。只有在对国外哲学社会科学发展的积极成果进行广泛调查研究基础上，才能打造易于为国际社会所理解和接受的新概念、新范畴、新表述，引导国际学术界展开研究和讨论，提高中国学术的国际话语权。

建构中国自主知识体系必须不断优化完善调查研究的方式方法

建构自主知识体系是一个庞大的系统工程，也是新时代推进知识创新、理论创新，构建中国特色、中国风格、中国气派的哲学社会科学体系的一项重要任务，需要广大哲学社会科学工作者绵绵用力、久久为功。

在指导思想上，始终坚持以马克思主义为指导。调查研究必须坚持以科学理论为指导，这个科学理论就是马克思主义。在当代中国进行调查研究，要始终坚持以习近平新时代中国特色社会主义思想为指导，尤其是要坚持这一思想的世界观方法论以及贯穿其中的立场观点方法。要认真学习研究习近平总书记关于建构中国自主知识体系和开展调查研究的重要论述，明确建构自主知识体系的目标要求，把握调查研究的科学方式方法。

在基本立场上，始终坚持以人民为中心的研究导向。坚持人民立场和以人民为中心的研究导向，是建构中国自主知识体系的根本立场和价值旨归。围绕建构自主知识体系开展调查研究，就要扎根中国大地，通过调查研究把握人民群众的思想脉搏，反映人民的意志、利益与要求，发现和解决关乎人民群众生活的“真问题”“新问题”“大问题”，研究人民群众的创造性实践，从中挖掘新材料、总结新经验、提出新观点、构建新理论，让知识体系真正来源于人民实践、服务于人民生活。

在方式方法上，把调查与研究、守正与创新结合起来。开展调查研究，要重点处理好调查和研究两个环节的关系，既从客观实际出发，调查了解真实情况和问题，如实反映客观事物的本来面目，又在调查的基础上进行深入细致的思考，着眼于研究新情况、解决新矛盾，找到事物的本质和规律，找到解决问题的办法。把守正与创新结合起来，守正才能不迷失方向、不犯颠覆性错误，创新才能把握时代、引领时代。坚守马克思主义这个魂脉和中华优秀传统文化这个根脉，通过知识创新、理论创新把马克思主义思想精髓同中华优秀传统文化精华贯通起来，高质量建构自主知识体系。

在主体力量上，着力提升哲学社会科学工作者的调查研究能力。调查研究是一门科学。哲学社会科学工作者要充分认识调查研究在建构自主知识体系中的重要性，提高开展调查研究的自觉性；加强调查研究的精心设计，明确调查研究的重点，找准调查研究的对象，制定调查研究的实施路径，运用切实可行的调查研究方法；加强调查研究的针对性，听真话、察真情，真研究问题、研究真问题；适应社会信息化特点拓展调研渠道、丰富调研手段、创新调研方式；增强调查研究的实效性，走进社会“大课堂”，深入基层，深入群众，真切感知前沿性创造实践、经济社会实际运行状况、人民群众所思所盼所忧，及时发现和总结基层干部群众创造的新鲜经验，努力拿出高质量研究成果。

在管理手段上，注重把调查研究常态化、制度化。建构自主知识体系不可能一蹴而就，需要长期进行调查研究。为此，可以建立调查研究的科学评价机制和奖励制度，以提高调查研究的实效；坚持和完善重要决策调研论证制度，建立调研成果的转化机制，切实把调研成果转化为解决问题的思路和对策；建立开展调查研究的培训机制，不断提高哲学社会科学工作者的调研能力；加大调查研究的经费投入，畅通调查研究的渠道，为调查研究提供良好的基础保障。

《光明日报》2023 年 7 月 7 日第 11 版

大兴调查研究须用好马克思主义看家本领

王寒松　黄广飞

调查研究是谋事之基、成事之道。党的二十大报告指出："弘扬党的光荣传统和优良作风，促进党员干部特别是领导干部带头深入调查研究，扑下身子干实事、谋实招、求实效。"作为马克思主义执政党，要开展好调查研究，必须用好习近平总书记反复强调的马克思主义这一看家本领，尤其是其中的基本立场、基本观点和基本方法。

大兴调查研究须站稳马克思主义基本立场

立场，是人们观察、分析和解决问题的立足点和出发点。立场的本质是为什么人和靠什么人的问题，马克思主义揭示了人类社会发展的一般规律，阐明了"历史活动是群众的活动"，人民群众是创造世界历史的动力和变革社会的决定力量。人民立场是马克思主义基本立场，是马克思主义基本观点和基本方法的基础，人民性是马克思主义的本质属性和最鲜明的品格。在总体上消灭了剥削阶级的社会主义国家范围内，马克思主义基本立场就是赞成、拥护和参加社会主义建设事业的阶级、阶层和社会集团的人民立场。人民立场是马克思主义政党区别于其他政党的显著标志，以马克思主义武装起来的中国共产党的根本政治立场就是人民立场。

全党在调查研究中站稳马克思主义基本立场，就是要在调查研究的作风上，严格执行中央八项规定及其实施细则精神，发扬党的优良作风，克服形式主义官僚主义的作风，轻车简从，俯下身子，走进群众，放下架子，甘当小学生，拜群众为师，真诚倾听群众呼声、真实反映群众愿望、真情关心群众疾苦，准确了解广大人民群众的所忧所盼；切实走好群众路线，既注重在互联网、大数据等现代信息技术帮助下灵活运用座谈访谈、随机走访、问卷调查、专家调查、抽样调查、统计分析等方法，也根据调查研究的目的和需要深入人民群众中蹲点调研，“解剖麻雀”、找准症结，掌握一手资料，避免信息失真、信息过滤；注重广泛性、典型性、代表性，将困难和矛盾集中、群众意见多、工作打不开局面的地方和单位作为重点调查研究对象，既防止以点概面、以偏概全，只见树木、不见森林，又防止走马观花、蜻蜓点水、不深入不彻底；在调研关于人民最关心最直接最现实的利益问题、推进共同富裕和增进民生福祉中的重大问题，特别是就业、教育、医疗、托育、养老、住房等群众急难愁盼的具体问题时，都要始终注意将改善和保障人民群众利益放在重要位置，将人民群众是否满意作为检验调查研究成果的根本标准，将人民群众首创的被实践检验为正确的做法及时上升为理论、转化为政策，努力提升人民群众的获得感、幸福感、安全感，凝聚起全国人民共同建设中国式现代化的磅礴力量。

大兴调查研究须坚持马克思主义基本观点

观点，是人们对事物的看法。马克思主义观点是马克思主义关于自然、社会和人类思维规律的科学认识，是对自然界规律和人类社会实践经验的科学总结，体现在马克思主义哲学、政治经济学和科学社会主义三个有机组成部分之中。马克思主义观点中，揭示事物一般规律的具有原理性地位和普遍适用性的观点即为马克思主义基本观点，而阐明特殊时代特殊问题的只在特定条件下适用的观点则为具体观点或个别论断。马克思主义基本观点是马克思主义基本立场的理论表达和马克思主义基本方法的理论支撑，是构成马克思主义基本理论、基本思想、基本原理的基础，只有完整准确把握马克思主义基本观点，才能站稳马克思主义基本立场和用好马克思主义基本方法。坚持马克思主义基本观点，就是始终自觉把握和主动运用马克思主义基本观点来观察和分析问题，回答和解决不同时代的具体问题，破除将马克思主义教条化的错误态度和做法，实现理论与实践的结合，同时注意防止和纠正违反马克思主义基本观点的错误思想和行为，减少因缺乏理论指导而出现的盲目性、主观性、片面性，增强科学性、预见性、主动性，推动事物向正确的方向发展。

全党在调查研究中坚持马克思主义基本观点，就是要将经济基础与上层建筑的关系的观点、生产力与生产关系的关系的观点、具体问题具体分析的观点、实践的观点、阶级的观点、矛盾的观点、群众的观点、全面的观点、发展的观点、联系的观点等马克思主义基本观点贯穿和运用到调查研究的全过程、各方面、各环节。在组建调查研究队伍时，注重人员的选择与合理搭配，调研人员要能够坚持马克思主义基本立场、运用马克思主义基本观点，为取得有价值的、科学的调查研究成果奠定人才基础；运用马克思主义基本观点，由表及里、从现象到本质、去伪存真地冷静分析调查过程中收集到的各种纷繁复杂的材料，筛选出应该吸收和坚持的正确观点，完善到下一步的努力方向、工作思路、方法措施之中；将马克思主义基本观点指导下取得的优秀成果吸收和转化为政策措施，及时总结经验，在一定范围内学习推广。

大兴调查研究须用好马克思主义基本方法

方法，是处理问题所采取的形式，是为达到某种目的所采取的手段或工具。马克思主义基本方法，是指与马克思主义世界观相统一的方法论，是指导正确认识世界和改造世界的根本思想方法和工作方法，是“望远镜和显微镜”的有机统一。恩格斯指出：“马克思的整个世界观不是教义，而是方法。它提供的不是现成的教条，而是进一步研究的出发点和供这种研究使用的方法。”马克思主义基本方法即唯物辩证法，是马克思主义基本立场和基本观点的具体应用。马克思主义唯物辩证法的核心就是客观地而不是主观地、发展地而不是静止地、全面地而不是片面地、系统地而不是零散地、普遍联系地而不是孤立地观察事物、分析问题、解决问题，在矛盾双方对立统一的过程中把握事物发展规律。

全党在调查研究中用好马克思主义基本方法，就要坚持实事求是，坚守党性原则，一切从实际出发，理论联系实际，听真话、察实情，“一分为二”地调查分析各个具体问题，坚持真理、修正错误，不唯书、不唯上、只唯实。在各级党委（党组）的集中统一领导下，把握好全局和局部、当前和长远、宏观和微观、特殊和一般的关系，系统谋划、总体统筹、分工协作、共享成果，避免扎堆调研、多头调研、重复调研，坚持党组织主要负责同志负总责，班子其他成员各负其责，抓好分管领域和分管单位的调查研究工作。对涉及多个地区或部门单位的问题，应在各级党委（党组）的集中统一领导下，组建跨地区、跨部门、跨系统的专业调查研究团队，上下协同、整体推动解决，避免由于单一孤立地看问题而陷入顾此失彼、进退失据、“捡了芝麻丢西瓜”等困境。紧紧瞄准调查内容中的“重大问题”“重点问题”“难题积案”“顽瘴痼疾”“长期未解决的老大难问题”“具有普遍性和制度性的问题”“涉及改革发展稳定的深层次关键性问题”等，在把握这些问题的过去和现在情况的基础上预判其未来发展方向，深入分析矛盾转化和解决的条件，深入分析小问题演变为大问题、苗头性倾向性问题演变为普遍性问题和突出问题的内在机理，提出解决问题的精准有效对策。

总之，用好马克思主义看家本领来指导调查研究的过程，是认识与实践相结合、理论与实际相联系、改造主观世界与改造客观世界相统一的过程，也是把理论学习、调查研究、推动发展、检视整改贯通起来的过程。这有利于提升全党马克思主义理论水平，推动全党在以学铸魂、以学增智、以学正风、以学促干方面取得更多成效，推动全党更好把握事物的本质和规律、找到破解难题的办法和路径、推动全面建设社会主义现代化国家开好局起好步。当然，掌握和运用好马克思主义立场观点方法不可能一蹴而就，必须经过一定量的积累才能有质的飞跃，必须在长期的“实践—认识—再实践—再认识”的螺旋上升中才能实现。我们要坚持学习运用马克思主义基本立场、基本观点和基本方法，以高效能调查研究和学习教育来争取历史主动，走好新的赶考之路。

《光明日报》2023 年 11 月 23 日第 6 版

做足做实调查研究基本功

吴怀友

党的二十届三中全会通过的《中共中央关于进一步全面深化改革、推进中国式现代化的决定》（以下简称《决定》）紧扣推进中国式现代化这一重大主题，锚定继续完善和发展中国特色社会主义制度、推进国家治理体系和治理能力现代化的总目标，总结运用改革开放以来特别是新时代全面深化改革的宝贵经验，深入分析推进中国式现代化面临的新形势新要求，擘画了进一步全面深化改革、推进中国式现代化的宏伟蓝图。深入贯彻落实党的二十届三中全会精神，坚定改革攻坚信心、把准改革攻坚方向、强化改革攻坚责任、汇聚改革攻坚合力，推动各项重大改革举措精准落地见效，必须运用好调查研究这个重要传家宝，做足做实调查研究基本功。

调查研究是中国共产党的优良传统

重视调查研究，是坚持马克思主义辩证唯物主义、历史唯物主义世界观和方法论的必然要求，是坚持党的实事求是思想路线和党的群众路线的必然要求。习近平总书记指出："调查研究是我们党的传家宝，是做好各项工作的基本功。"只有始终坚持和加强调查研究，才能真正做到一切从实际出发、理论联系实际、密切联系群众，从根本上保证党的路线方针政策和各项决策的正确制定与贯彻落实。

重视调查研究是中国共产党的优良传统。新民主主义革命时期，中国共产党对中国社会性质和基本国情的认识、马克思主义与工农运动的结合、中国特色革命道路的探索、新民主主义革命路线方针政策的制定等，都是以调查研究开路、调查研究破局的。社会主义革命和建设时期，过渡时期总路线的形成、适合国情实际的社会主义制度的确立等，无不建立在调查研究的基础之上。改革开放和社会主义现代化建设新时期，对再认识什么是社会主义、作出改革开放的重大战略决策、形成社会主义初级阶段的基本理论和基本路线、确立社会主义市场经济体制的改革目标和基本框架、加入世界贸易组织、加强和改进执政党建设、明确全面建设小康社会的目标任务和监测指标、构建社会主义和谐社会、扎实推进社会主义新农村建设等，都是以调查研究为基础和前提的。

政策和策略是党的生命。领导工作的首要职责是了解和掌握实情、制定和实施政策。正确的政策和策略，不可能是坐在房子里冥思苦想出来的"办法"，也不可能是粗枝大叶的书面报告里写着的东西，更不可能照抄照搬外来的现成经验和做法，只能来源于社会实践，来源于科学的调查研究。不做正确的调查研究就没有发言权，更没有决策权。系统周密的调查研究，是明了情况、正确决策的基础。因为调查研究的过程，就是发现问题、制定对策、解决问题的过程，就是坚持一切从实际出发、理论联系实际、实事求是的过程，就是贯彻群众路线、虚心向群众学习、始终保持同人民群众血肉联系的过程，就是改进领导作风和工作方法、敢于修正错误、强化责任担当的过程，就是防止和克服教条主义、主观主义、官僚主义的过程。可见，调查研究是做好领导工作的基本功。

深入调查研究是新时代全面深化改革的宝贵经验

“调查研究是谋事之基、成事之道。”这是习近平总书记对调查研究价值意蕴的深刻揭示和崭新概括。新时代初始，中共中央政治局召开会议审议关于改进工作作风、密切联系群众的八项规定，指出要改进调查研究，切忌走过场、搞形式主义，强调各级党政机关和领导干部要坚持以人为本、执政为民，带头改进工作作风，带头深入基层调查研究，带头密切联系群众，带头解决实际问题。习近平总书记率先垂范，轻车简从到广东考察工作，强调“在深入调查研究的基础上提出全面深化改革的顶层设计和总体规划”。

党中央作出重大改革决策、制定重要改革文件，都坚持全面深入的调查研究。例如，为系统谋划和整体推进全面深化改革，党的十八届三中全会文件起草组在近 7 个月时间里，广泛征求意见，开展专题论证，深入调查研究，反复讨论修改。在广泛深入调查研究基础上形成的《中共中央关于全面深化改革若干重大问题的决定》，对新时代全面深化改革作出了顶层设计和总体规划，开创了我国改革开放全新局面。

又如，为研究、确定全面依法治国的思路和重大举措，文件起草组成立 8 个调研组分赴 14 个省区市实地调研，中央政治局常委会召开 3 次会议、中央政治局召开 2 次会议分别审议全会决定，并将决定征求意见稿下发党内一定范围征求意见，包括征求党内老同志意见，还专门听取各民主党派中央、全国工商联负责人和无党派人士意见。《中共中央关于全面推进依法治国若干重大问题的决定》为全面深化改革、加快推进社会主义法治国家建设提供有力保障。

再如，2017 年下半年开始，中央全面深化改革领导小组牵头就党和国家机构改革进行调研。中央改革办、中央编办组成 10 个调研组，分赴 31 个省区市、71 个中央和国家机关部门，当面听取 139 位省部级主要负责同志的意见和建议；共向 657 个市县的 1197 位党委和政府主要负责同志个人发放调研问卷，收集 31 个省份深化地方机构改革调研报告。文件起草组深入开展专题研究论证，广泛吸收调研成果，反复讨论修改，形成了《中共中央关于深化党和国家机构改革的决定》和《深化党和国家机构改革方案》。

还如，党的二十届三中全会通过的《决定》，同样是在深入调查研究、广泛发扬民主的基础上形成的。2023 年 12 月 8 日，文件起草组召开第一次全体会议，文件起草工作正式启动。在 7 个多月时间里，文件起草组深入调查研究，广泛征求意见，开展专题论证，反复讨论修改。在起草工作过程中，中央政治局常委会召开 3 次会议、中央政治局召开 2 次会议进行审议、修改，形成了提请全会审议的决定稿。

不仅如此，深化军队改革和建设、推进教育科技体制改革、打好三大攻坚战、完善社会治理等重大政策的出台及其施行，都离不开全面深入的调查研究。把调查研究贯穿改革实施全过程，是新时代全面深化改革的宝贵经验。

调查研究是推动重大改革举措落地落实的有效途径

习近平总书记指出，“正确的决策离不开调查研究，正确的贯彻落实同样也离不开调查研究”。《决定》锚定 2035 年基本实现社会主义现代化目标，明确了未来五年进一步全面深化改革的基本原则，提出一系列重大改革举措。做好进一步全面深化改革工作，推动各项重大改革举措落地、落细、落实，必须积极响应习近平总书记关于在全党大兴调查研究之风的号召，深入开展调查研究。

调查研究的过程就是摸清情况、精准施策的过程。科学的调查研究不仅是正确决策的必要前提，而且是精准施策的坚实基础。做好进一步全面深化改革工作，就要把《决定》作出的各项重大战略举措转化、细化为有操作性的具体政策和策略。为此，必须做系统翔实的调查研究，把各领域、各方面、各地区乃至各部门、各单位的真实情况摸清、摸准、摸细、摸透，真正做到一切从具体实际出发，因地制宜，因事制宜，因人制宜，精准施策。

调查研究的过程就是汇聚民智、凝聚民力的过程。人民群众是历史的创造者，是真正的英雄。他们对本地区、本行业、本单位的实际情况最熟悉最了解，蕴藏着改革发展的无穷智慧和力量。推动进一步全面深化改革走深走实，唯有放下架子、扑下身子，深入基层、深入群众、深入实际，真诚倾听群众呼声、真实反映群众意愿、真情关心群众疾苦，自觉拜人民为师，虚心向人民请教，坚持一切为了群众、一切依靠群众，从群众中来、到群众中去，才能凝聚改革共识、汇聚改革合力，使改革的正确主张转化为最广大人民群众的自觉行动。

调查研究的过程就是发现问题、攻坚克难的过程。调查研究旨在发现问题、研究问题和解决问题，把握事物的本质和规律。调查研究就是要奔着问题去，实行问题大梳理、难题大排查，着力打通进一步全面深化改革进程中的卡点、堵点。各级领导干部应练好调查研究基本功，在调研过程中发扬斗争精神，增强斗争本领，勇于涉险滩、破难题，知难而进、迎难而上，把调研成果转化为推进改革、战胜困难的实际成效。

调查研究的过程就是督促落实、跟踪问效的过程。正确的政策方针制定之后，干部就是决定因素。做好进一步全面深化改革工作，贯彻落实各项重大改革举措，光靠从会议到会议、从文件到文件，是解决不了问题的。领导干部要在抓好督促落实上下功夫，建立调研成果转化运用清单，加强对调研课题完成情况、实施情况、问题解决情况的督查督办，对实施过程进行跟踪问效，定期对调研对象和解决问题等事项进行回访，及时对成功经验进行总结，对发现的问题进行整改。

总之，只有对客观实际情况进行深入了解和分析研究，把事情的真相和全貌调查清楚，把解决问题的思想和对策研究透彻，才能做到心中有数，制定的政策措施才能具有较强可操作性，才能为做好进一步全面深化改革各项具体工作提供有效方法和可靠保障。

《光明日报》2025 年 1 月 20 日第 6 版

把握“改进调查研究”的意蕴与方法

姜浩颖

“改进调查研究”既是党员干部密切联系群众、切实了解人民需求的政治体现，也是破“四风”、提升国家治理能力的务实举措。没有调查，就没有发言权，更没有决策权。推动调查研究工作落地落实，有利于促进党员干部正确认识并改造客观世界，以求真务实、真抓实干的工作作风践行共产党员的初心与使命。改进调查研究与中华优秀传统文化中重视民情民意的政治智慧一脉相承，并具有坚实的哲学基础和实践价值。

改进调查研究是对注重民情民意的中华优秀传统政治智慧的传承，具有深厚文化底蕴

中华民族创造的绵延五千多年的灿烂文明，其强大的文化主体性和旺盛生命力一直支撑着中华民族独立自主探索本民族发展的道路，并为人类文明进步作出了不可磨灭的贡献。这种旺盛生命力的

重要体现之一，便是对民情民意的高度关注，也是国家治理的核心要义。

以人为本、重视民情民意是改进调查研究的主要诉求。调查研究是党员干部能够密切联系群众、精准服务群众、制定科学决策的重要基石。《墨子》有言：“上之为政，得下之情则治，不得下之情则乱。”东汉思想家王符在《潜夫论》中也提出，“为国者，必先知民之所苦”。为政者只有坚持人民本位，了解百姓疾苦，国家才能安定。通过调查研究真正深入基层，倾听群众心声，剖析问题根源，才能为政策制定提供合理有力的依据。

我国古代先贤不仅在观念上重视民情民意，还在实践中通过各种途径到百姓中进行察访。舜帝“询于四岳，辟四门，明四目，达四聪”，通过广开言路、观视四方、听闻消息来施政。《汉书》记载：“古者圣王之制，史在前书过失，工诵箴谏，瞽诵诗谏，公卿比谏，士传言谏，庶人谤于道，商旅议于市，然后君得闻其过失也。”《尚书》记载舜帝“五载一巡狩”，“狩”同“守”，指每五年巡查一次各地民情，适时调整政策。这些制度和实践都是为了保障民情上达，使民心安定。

古代政治智慧还提醒我们，做好调查研究，必须要仔细验证真伪再做出决策。《孟子》云：“国人皆曰贤，然后察之；见贤焉，然后用之。”听取民意后仍需亲自考察，确认之后才施行。《韩非子》提出：“无参验而必之者，愚也；弗能必而据之者，诬也。”未经验证就下结论是愚昧的，以不确定之事为依据更是欺世骗人。《群书治要》指出：“若博其观听，纳受无方，考察不精，则数有所乱矣。”

即使广泛地听闻观察，如果采纳的方法不对，观察也不准确，则最终提出的策略必然杂乱无章。这提醒为政者既要广泛听取意见，也要认真考察，不能盲目听信。

中华文明五千年的政治实践经验告诉我们，改进调查研究不仅要以人为本，把民意落到实处，还要结合实际情况具体分析，充分发挥领导干部的积极性主动性创造性。

改进调查研究是马克思主义中国化的集中体现，具有坚实哲学基础

马克思主义强调，实践是认识的来源。作为实践与认识相结合的重要途径，调查研究能够获取第一手资料，更能够准确地把握事物的本质和规律。马克思主义辩证法要求全面、客观地看待问题，避免片面性和主观性，使决策更加科学合理。因此，改进调查研究不仅是马克思主义理论的生动实践，更是马克思主义中国化时代化的具体体现。

改进调研作风是落实马克思主义唯物史观的必然要求。马克思在《路易·波拿巴的雾月十八日》中指出，“人们自己创造自己的历史，但是他们并不是随心所欲地创造”。这既肯定了人民群众的主体地位，又明确了客观条件的制约。通过深入调研，能够真正把握客观现实，了解历史发展方向。马克思在《资本论》中强调要充分占有材料，分析其内在联系，并通过大量实证数据建立科学理论基础。只有通过系统、科学的调研，才能避免主观主义和形式主义，确保决策的科学性和正确性。改进调研作风不仅是对马克思主义唯物观

的践行，更是确保调研科学性和有效性的关键。只有坚持实事求是的态度，深入基层、深入群众，充分收集和分析客观数据，才能真正把握客观规律。

改进调研作风是遵循马克思主义认识论的内在需求。掌握马克思主义认识论，离不开高质量的调查研究。实践是马克思主义认识论的基础，而调查研究是连接主观与客观的媒介。只有深入实际，摸清问题和症结，才能形成科学判断，找到破解难题的方法。马克思、恩格斯在《德意志意识形态》中提出“实践优先”原则，强调从物质实践出发解释观念形态，将社会调查作为认知活动的起点。在《关于费尔巴哈的提纲》中，马克思又指出“问题在于改变世界”。只有通过深入调研，才能验证理论是否符合实际情况，确保理论与实践相结合，构建“认知—实践”的循环体系，推动社会进步。以习近平同志为核心的党中央始终把调查研究作为我们党科学决策的重要依据、联系群众的重要途径、做好工作的重要方法、改进作风的重要环节。领导干部要把调查研究与推动工作统一起来，使调研的过程成为学习领悟党的创新理论的过程。

改进调研作风是契合马克思主义唯物辩证法的必然选择。恩格斯在《英国工人阶级状况》中开创了田野调查与社会批判相结合的方法，通过直接观察工人生活，研究其诉求，奠定了社会调查的阶级分析框架。在《共产主义原理》中，恩格斯进一步强调理论运用必须以现存历史条件为转移，反对脱离实际的套用，要求政策动态调整。这表明政策的科学制定和动态调整离不开充分的调研。列宁在《哲学笔记》中提出，辩证法要求从现象的具体总和出发，从事物的发展变化中观察事物，反对片面化、静止化的观察方式。因此，只有坚持唯物辩证法，才能使调研更加全面、动态、科学，为决策提供坚实依据。

改进调查研究是实现中国式现代化的现实路径，具有重要实践价值

习近平总书记强调，“改进调研方式，力戒形式主义、官僚主义”“提高调研成果质量，切实把调研成果转化为解决问题、改进工作的实际举措”。2025 年是我国“十四五”规划的收官之年，高质量的调查研究不仅是深入贯彻习近平新时代中国特色社会主义思想的必然要求，也是应对新征程挑战、推进高质量发展的关键举措，更是领导干部转变工作作风、密切联系群众、提升履职能力的有力支撑。

调查研究是谋事之基、成事之道。高质量的调查研究对于学习贯彻党的创新理论至关重要。习近平新时代中国特色社会主义思想是在新时代波澜壮阔的伟大实践中创立的，展现出认识世界改造世界的强大真理力量。通过深入实际的调研，领导干部不仅能够深刻理解这一思想的理论、历史和实践逻辑，把握其世界观与方法论，还能发现工作中的短板和不足，找准问题的症结所在，为科学决策和精准施策提供有力支撑。可以说，高质量的调研是领导干部提升理论素养、增强实践能力的重要方式，也是推动新时代中国特色社会主义事业不断向前发展的坚实基础。

切实保障人民至上、深刻聚焦造福人民，离不开高质量的调查

研究。人民性是马克思主义的本质属性。人民群众对党和政府的信任与支持是我们党执政的重要基础，也是社会繁荣稳定发展的本质保障。贯彻党的群众路线，必须时刻关注群众所思所盼，尽心尽力解决群众最关心的住房、医疗、就业和教育等实际问题，努力维护广大群众的切身利益。只有深入进行调查研究，才能获取正确认识，使决策集中民智、体现民意，拉近干群距离、赢得群众支持，将党的主张转化为人民的自觉行动。

总之，改进调查研究不仅是中华文明以人为本的政治智慧的集中展现，更是马克思主义中国化时代化的必然要求。它具备坚实的哲学基础，符合马克思主义唯物史观、认识论和辩证法。同时，高质量的调查研究是实现中国式现代化的重要举措，是学习贯彻习近平新时代中国特色社会主义思想的重要路径。通过改进调查研究，能够更好地践行人民至上理念，推动理论与实践相结合，为新时代的高质量发展提供坚实保障。

《中国纪检监察报》（2025 年 4 月 1 日第 8 版）

以调查研究推动破难题开新局

王　颖

中国共产党在不同历史时期和阶段常常面临着破难题、开新局的任务，党百余年奋斗的历史，也是一部在实践中不断发现问题、研究问题、解决问题的历史。那么，怎样才能有效推动破难题、开新局？早在 1930 年 5 月，毛泽东同志就在《反对本本主义》一文中给出了明确回答——“向实际情况作调查”。

《反对本本主义》原题名为《调查工作》，在中央苏区曾有石印本流传，后来散失。毛泽东同志时常念及这篇文章，说想念这篇文章就像想念自己的孩子一样。20 世纪 60 年代初，这篇文章被重新发现并送到毛泽东同志手上。毛泽东同志十分高兴，把它批印给三南会议讨论，说“这是一篇老文章”，“看来还有些用处”。经亲自审定，1964 年，毛泽东同志把这篇文章题目改为《反对本本主义》，编入《毛泽东著作选读》甲种本和乙种本。1991 年，它作为唯一补充篇目，被编入《毛泽东选集》第二版第一卷。

这篇文章在党内第一次系统全面论述了调查研究问题，初步形成了毛泽东思想活的灵魂的三个基本点，即实事求是、群众路线、独立自主，是毛泽东哲学思想的代表作之一。90 多年过去了，立足进一步全面深化改革、推进中国式现代化的新征程新起点，重温这篇经典文献，仍能从它所蕴含的马克思主义思想方法和工作方法中，获得丰富的精神滋养与思想启示。

“调查就是解决问题”

1927 年以后，党内“左”倾思想弥漫，一些教条主义者从“本本”出发，拿着马克思主义的“本本”和苏联的经验脱离实际“瞎指挥”，不仅没有解决中国革命面临的一系列严峻问题，而且给处于幼年时期的党和军队带来巨大损失。《反对本本主义》是毛泽东同志同机会主义、教条主义坚决斗争的一篇重要文章。

毛泽东同志开篇即提出“没有调查，没有发言权”的主张，对党内一些同志提出直截了当的批评：“你对那个问题的现实情况和历史情况既然没有调查，不知底里，对于那个问题的发言便一定是瞎说一顿。”毛泽东同志揭示了没有事实依据“瞎说一顿”的严重害处：“许多巡视员，许多游击队的领导者，许多新接任的工作干部，喜欢一到就宣布政见，看到一点表面，一个枝节，就指手画脚地说这也不对，那也错误。这种纯主观地‘瞎说一顿’，实在是最可恶没有的。他一定要弄坏事情，一定要失掉群众，一定不能解决问题。”

在毛泽东同志看来，只有深入调查研究才能切实解决斗争中不断出现的新题、难题。“你对于那个问题不能解决吗？那末，你就去调查那个问题的现状和它的历史吧！你完完全全调查明白了，你对那个问题就有解决的办法了。”相反，不经过调查研究、空想出来的办法和主意，只会起坏作用。“只有蠢人，才是他一个人，或者邀集一堆人，不作调查，而只是冥思苦索地‘想办法’，‘打主意’。须知这是一定不能想出什么好办法，打出什么好主意的。换一句话说，他一定要产生错办法和错主意。”针对在困难和问题面前退缩、放弃的同志，毛泽东同志给其开出了调查研究的“良方”：“迈开你的两脚，到你的工作范围的各部分各地方去走走，学个孔夫子的‘每事问’，任凭什么才力小也能解决问题”，或者“召集那些明了情况的人来开个调查会，把你所谓困难问题的‘来源’找到手，‘现状’弄明白，你的这个困难问题也就容易解决了”。毛泽东同志得出结论：“调查就像‘十月怀胎’，解决问题就像‘一朝分娩’。调查就是解决问题。”

调查研究是毛泽东同志一生坚持的重要工作方法。毛泽东同志深知，解决问题的出路，从来都深埋在中国的国情之中，于是拿起调查研究这把“锄头”努力去挖掘探求。正是依靠扎实的调查研究，毛泽东同志有效破解革命和建设中的一个又一个新题、难题，为中国共产党道路的探索和拓展作出巨大贡献。

反对“唯上”“唯书”的本本主义

调查研究不仅仅是方法问题，其背后还是基本立场问题，是思想路线问题。是否深入调查研究，实际上是实事求是思想路线与本本主义（教条主义）思想路线之间的对立斗争。毛泽东同志尖锐批评了本本主义的两种错误倾向。

一种错误倾向是盲目地、表面地执行上级指示。毛泽东同志指出:“我们说上级领导机关的指示是正确的，决不单是因为它出于‘上级领导机关’，而是因为它的内容是适合于斗争中客观和主观情势的，是斗争所需要的。不根据实际情况进行讨论和审察，一味盲目执行，这种单纯建立在‘上级’观念上的形式主义的态度是很不对的。”毛泽东同志认为，这种形式主义会使党的策略路线不能深入群众，“盲目地表面上完全无异议地执行上级的指示，这不是真正在执行上级的指示，这是反对上级指示或者对上级指示怠工的最妙方法”。

另一种错误倾向是照搬马列“本本”和苏联模式。毛泽东同志指出:“我们说马克思主义是对的，决不是因为马克思这个人是什么‘先哲’，而是因为他的理论，在我们的实践中，在我们的斗争中，证明了是对的。”他强调:“马克思主义的‘本本’是要学习的，但是必须同我国的实际情况相结合。我们需要‘本本’，但是一定要纠正脱离实际情况的本本主义。”后面这两句话是1964年此文编入《毛泽东著作选读》甲种本、乙种本时，毛泽东同志亲笔加的，可见他对这一关系中国革命和建设成败的重大问题的重视。

毛泽东同志认为，只有向实际情况作调查，才能纠正本本主义。他主张坚持实事求是思想路线，充分发挥主观能动性，运用马克思主义的立场、观点和方法，了解中国的实际情况，解决中国革命和建设实践中遇到的问题。在毛泽东同志的大力倡导和亲身垂范下，调查研究成为我们党的优良传统和作风，成为我们党的谋事之基、成事之道。

“我们需要时时了解社会情况，时时进行实际调查”

中国革命的艰巨性、长期性决定了我们党斗争策略的极端重要性，而正确斗争策略的产生，离不开经常性的调查研究。毛泽东同志指出：“共产党的正确而不动摇的斗争策略，决不是少数人坐在房子里能够产生的，它是要在群众的斗争过程中才能产生的，这就是说要在实际经验中才能产生。因此，我们需要时时了解社会情况，时时进行实际调查。”

毛泽东同志为有些教条主义者画了像：“红军中显然有一部分同志是安于现状，不求甚解，空洞乐观，提倡所谓‘无产阶级就是这样’的错误思想，饱食终日，坐在机关里面打瞌睡，从不肯伸只脚到社会群众中去调查调查。对人讲话一向是那几句老生常谈，使人厌听。”他严肃批评了“那些具有一成不变的保守的形式的空洞乐观的头脑的同志们，以为现在的斗争策略已经是再好没有了”，以为靠“本本”就能“保障了永久的胜利，只要遵守既定办法就无往而不胜利”的观点，并明确指出：“这些想法是完全错误的，完全不是共产党人从斗争中创造新局面的思想路线，完全是一种保守路线。”为唤醒这些同志，毛泽东同志呼吁：“速速改变保守思想！换取共产党人的进步的斗争思想！到斗争中去！到群众中作实际调查去！”

“时时了解社会情况，时时进行实际调查”的观点是符合马克思主义基本原理的。马克思主义认为，对立统一规律是宇宙的根本规律，正是矛盾双方的统一与斗争，推动着事物的运动、变化和发展。毛泽东同志希望全党同志掌握这个真理的规律，始终采取调查研究的方法，解决社会实践中的突出矛盾和问题，从而推动社会向前发展，不断创造新的局面。

毛泽东同志没有把调查研究当成是一劳永逸的事，也一直没有停下调查研究的脚步。1961 年，他在中央工作会议上特意向与会者介绍了《反对本本主义》的内容，指出：“民主革命阶段，要进行调查研究，社会主义革命和社会主义建设阶段，还是要进行调查研究，一万年还是要进行调查研究工作。”他还强调：“现在我们中央搞的文件，如果没有具体措施也是不可能实现的。要有正确的措施，就要做调查研究工作。”从革命到建设再到改革，从救国到兴国再到强国，《反对本本主义》始终有着强大的生命力，对我们党的指导思想、路线方针和干部作风产生深刻影响。

调查研究不仅是一种工作方法，而且是关系党和人民事业得失成败的大问题。当前，我们正处在以中国式现代化全面推进强国建设、民族复兴伟业的关键时期。在新时代新征程上，贯彻落实党的二十届三中全会提出的进一步全面深化改革的任务，必须用足用好调查研究这个传家宝，突出问题导向，聚焦改革发展重点任务，找准改革发力点和突破口，解决发展难题，找出解决问题的新思路新办法，真正做到情况明、决心大、方法对，推动中国式现代化取得新进展新突破，在攻坚克难中不断打开事业发展新局面。

《学习时报》2025 年 1 月 8 日第 5 版

学术圆桌

调查研究的类型与方法

何星亮

中共中央办公厅于2023年3月印发了《关于在全党大兴调查研究的工作方案》，要求在全党大兴调查研究之风，“作为在全党开展的主题教育的重要内容”，并发出通知，要求各地区各部门结合实际认真贯彻落实。

中共中央党史和文献研究院、中央学习贯彻习近平新时代中国特色社会主义思想主题教育领导小组办公室于2023年3月编辑出版了《习近平关于调查研究论述摘编》，《摘编》分8个专题，摘自习近平总书记2012年11月15日至2023年3月5日期间的报告、讲话、文章、指示、批示等，作为在全党开展调查研究工作的指南和遵循。

习近平总书记强调:“调查研究是谋事之基、成事之道,没有调查就没有发言权,没有调查就没有决策权。调查研究是我们做好工作的基本功。”党员干部在调查研究前如何科学确定调研类型、选对调研方法?在调查研究中又该注意哪些技巧:典型调查如何选好“典型”?问卷调查问题设置有哪些区分?访谈调查中受访者不愿意发言怎么办?老一辈革命家和习近平总书记都有哪些好的调查研究经验?本文就这些问题进行综合梳理分析。

一、把握特点、有的放矢:科学区分调查研究的类型

调查研究类型多样,从调查研究的内容来划分,可分为全面调查、典型调查和专题调查三类;从是否有问题导向的角度来划分,可以分为问题导向调查和无问题导向调查;从是否有理论导向的角度来划分,可以分为理论导向调查和无理论导向调查。

(一)全面调查·典型调查·专题调查

调查研究从内容来划分,可分为全面调查、典型调查和专题调查三类。

第一,全面调查。

全面调查或称“综合调查”，是对调查对象进行全面、系统的调查。例如，把一个县、镇或村作为一个调查单位，全面了解其社会、经济、人口、自然环境、社会组织、婚姻家庭、文化和宗教等状况，收集第一手资料作为分析的依据。全面调查的特点是调查对象范围广、单位多、内容比较全面，但一般需耗费大量人力、物力和时间，组织难度较大。

毛泽东同志历来重视调查研究工作，把进行社会调查作为领导工作的首要任务和决定政策的基础。《寻乌调查》是毛泽东同志在 1930 年 5 月所做的江西省赣州市寻乌县的全面调查，内容包括寻乌县城人口的政治地位及成分情况、商业情况、旧有土地关系、剥削状况、土地斗争情况等。《寻乌调查》全文共 5 章，详细叙述了寻乌的水陆运输、商品集散和流向，以及 20 多个行业的状况。寻乌调查使毛泽东同志加深了对中国社会的认识，对于农村包围城市革命道路思想的发展，以及开创马克思主义中国化、确立中国共产党实事求是的思想路线，都具有非常重要的意义和作用。寻乌调查后不久，毛泽东同志根据这次调查和以往进行实际调查的切身体会，写下了《反对本本主义》的重要著作，响亮地提出“没有调查，没有发言权”等科学论断。

始于 1988 年由中国社会科学院组织牵头的“全国百县市经济社会调查”也属于全面调查，这一调查历时 7 年，成果出版为 105 卷著作——《中国国情丛书——百县市经济社会调查》，是改革开放后中国社会学界开展的规模史无前例的国情调研，涉及 1979 年改革开放以来我国经济、社会、政治、文化乃至人们的思想观念、婚姻、家庭、生活方式等诸方面。该项调查使用了包括文献调查法、问卷调查法、开调查会和个别访谈法等方法，既为中国社会研究提供了大量珍贵资料，也为后来许多县、市制定本地区发展战略规划提供了重要依据。

第二，典型调查。

典型调查是根据调查目的在研究对象总体中选取若干个地区、单位或家庭进行系统周密调查研究的一种非全面调查。例如，在一省选择一个县或若干县作为典型进行调查，在企业中选择有代表性的单位进行系统调查，等等。典型调查可以弥补全面调查耗时耗力多、组织难度大、缺乏针对性和灵活性不足等缺点，也可以验证全面调查的真实性和可靠性。其特点一是调查点少；二是调查内容具体细致；三是解剖典型，由点及面，以小见大。

做好典型调查的关键在于选择好“典型”。如果调查目的是了解总体的一般情况，可选择中等水平的调查对象；如果调查目的是总结经验教训，可以选最先进的和最落后的典型；如果调查目的是研究新情况、新问题，可以选择出现这些苗头、趋势的调查对象；如果调查目的是研究事物发展的过程和规律，就要选择发展形态完整的调查对象。

“解剖麻雀”是毛泽东同志对典型调查方法的形象比喻。他认为解剖一个麻雀，首先要选好麻雀，也就是要选好调查研究的典型：“要从个别问题深入，深入解剖一个麻雀，了解一处地方或一个问题”，“往后调查别处地方或别个问题，你就容易找到门路。”

那么，怎样找调查的典型呢？毛泽东同志说：“调查的典型可以分为三种：一、先进的，二、中间的，三、落后的。如果能依据这种分类，每类调查两三个，即可知一般的情形了。”“在一切活动中找出几个令人满意的和令人不满意的典型例子，经过深入研究，总结经验，得出具体结论”。

毛泽东同志所做的很多调查，都是“解剖麻雀”的范本。《中国佃农生活举例》是毛泽东同志留下的最早一篇比较完整的典型调查报告，采用的就是解剖典型的方法。

毛泽东同志通过调研分析指出，这户佃农如果没有天灾人祸，“收支相抵，不足一十九元六角四分五厘五”；“事实上佃农不能个个这样终年无一天休息地做苦工，稍一躲懒，亏折跟来了。”他指出，中国之佃农比牛还苦，因牛每年尚有休息，人则全无，这就是中国佃农比世界上无论何国之佃农都辛苦，且许多佃农被挤致离开土地变为兵匪游民之真正原因。这份调查报告通过一个典型案例，大致上反映了当时中国佃农的苦难状况，后来被作为中央农民运动讲习所的教材。毛泽东同志之所以能够对中国广大农村有深刻的认识，同他善于把握典型，运用由点及面的调查方法分不开。

第三，专题调查。

专题调查即围绕某一专题或某一问题进行深入、系统的调查。专题调查又分两类，一类是大专题调查，即对社会体系中的某一组成部分的调查，如经济问题普查、人口社会问题普查、文化资源调查、宗教问题调查等。小专题调查则是包含于大专题下的分支调查，如民营企业发展问题调查、农村人口状况调查、互联网问题调查等。个别具体问题的调查，也属于专题调查。

老一代国家领导人做过许多专题调查。例如，陈云同志在“一五”计划时期关于汽车工业基地的选址调查就是专题调研的典型案例。苏联专家提出选址西安，有部分专家提出选址北京、石家庄、太原等地。方案很多、争论很多，各有各的理由。于是，陈云同志从北京西郊到石家庄，从西安到太原、长春等地调研。通过深入调查研究，陈云同志发现这些方案都各有不足，又组织中外专家及有关人员召开座谈会反复进行论证。最后，陈云同志结合大家的不同意见和自己调研的情况，综合考虑交通、能源等实际情况，认为新中国第一家汽车厂的选址定在长春最为合适。历史证明，这一决策是符合实际、着眼长远的科学决策。

全面调查、典型调查、专题调查各有特点，但并不是各自孤立的，而是彼此关联的。全面调查往往包含典型调查和专题调查，而典型调查也包含专题调查。

（二）问题导向调查·无问题导向调查

调查研究从是否有问题导向的角度来分类，可分为问题导向调查和无问题导向调查。

第一，问题导向调查。

问题导向型社会调查是带着问题进行调查，主要围绕社会或党政部门、单位反映的问题进行调查。

坚持问题导向，是马克思主义的重要品质，是习近平新时代中国特色社会主义思想的鲜明风格，也是以习近平同志为核心的党中央治国理政的突出特点。党的二十大报告指出："我们要增强问题意识，聚焦实践遇到的新问题、改革发展稳定存在的深层次问题、人民群众急难愁盼问题、国际变局中的重大问题、党的建设面临的突出问题，不断提出真正解决问题的新理念新思路新办法。"2023 年 4 月 28 日，中央政治局召开会议，分析研究当前经济形势和经济工作，提出了不少需要解决的问题，如保障和改善民生问题、解决高校毕业生就业问题、稳定农民工等重点群体就业问题、抓好安全生产问题、电力供应保障问题、粮食生产和重要农产品供应保障问题、全面推进乡村振兴问题、生态环境系统治理问题等，并强调"各级领导干部要带头大兴调查研究，奔着问题去，切实帮助企业和基层解决困难"。

坚持问题导向，通过调查研究弄清问题性质、找准症结所在，进而有的放矢、解决问题，也是我国历代党和国家领导人开展调查研究的重要方法。

例如，1927 年初，毛泽东同志为驳斥当时党内外对农民运动的质疑和责难，回到湖南考察农民运动。他广泛接触和访问群众，步行 700 多公里，历时 32 天，实地考察湘潭、湘乡、衡山、醴陵、长沙五县的农民运动，召集农民和农民运动干部开调查会，引导大家打开“话匣子”，获得了大量第一手资料。通过调研，他深切感到“许多农民运动的道理，和在汉口、长沙从绅士阶级那里听得的道理，完全相反”，得出了农民运动“好得很”的正确结论。

20 世纪 60 年代初，我国国民经济遭遇严重困难。为此，毛泽东同志号召全党大兴调查研究之风。这次调查研究的目的是了解清楚实际情况，找到应对严峻形势的办法。周恩来、刘少奇、朱德、邓小平、陈云等中央领导同志都纷纷响应毛主席的号召，花了大量时间，深入工厂农村搞调研。由于目的明确，调研充分，情况摸得准，我们党及时调整了政策措施，为解决严重的经济困难问题，发挥了重大作用。

改革开放后，在设计社会主义现代化建设蓝图过程中，邓小平同志也是带着问题不断进行实地调研。党的十二大提出，到 2000 年实现全国工农业总产值在 1980 年的基础上翻两番，使人民的物质文化生活达到小康水平。“翻两番”靠不靠得住？“小康水平”是什么样子？带着这样的思考，邓小平同志 1983 年 2 月专程前往经济发展较快的苏浙沪地区，进行了 3 个星期的调查研究。在苏州，江苏省负责同志向他详细汇报了全省及苏州工农业生产情况，表示像苏州这样的地方，准备提前5年实现“翻两番”。

第二，无问题导向调查。

无问题导向的调查是社会调查的基本形式之一。一般是在不了解某地区、某单位、某行业基本情况和存在问题的情况下进行的调查，全面了解被调查地的政治、经济、社会和文化生活的各个方面及其存在问题。

例如，新上任的党政主要领导，一般会对本地区、本单位作一次无问题导向的全面调查，目的是对自己的职责任务、当前存在的工作难点、重点，以及应该从何入手，做到心中有数，掌握真实情况，尽快打开工作局面。

全面调查和典型调查大多是无问题导向的调查。如前述1988年中国社会科学院组织全国数千位专家开展的“中国百县市经济社会调查”就属于无问题导向调查，但调查的重点是改革开放以来经济社会方面发生的巨大变化和现代化建设中面临的各种矛盾和问题。

（三）理论导向调查·无理论导向调查

调查研究从是否带着理论或假设进行调查的角度来划分，分为理论导向调查和无理论导向调查两类。

第一，理论导向调查。

理论导向调查是以某种理论作为指导的调查，这种调查在政治问题和社会问题调查中较为普遍。

例如，1956年—1964年，我国开展了历史上第一次有组织、有计划的“全国少数民族社会历史状况科学调查”，为中国民族问题研究搜集和积累了大量必需资料。调查是在“五种社会形态”的理论指导下进行的，即着重了解有关原始社会形态、奴隶社会形态、封建社会形态和上述各种社会的过渡形态的具体资料。主要调查了蒙古、藏、维吾尔、壮、苗、布依、瑶、傣、彝、黎、景颇、怒、傈僳、独龙、佤、鄂伦春、鄂温克等20个少数民族，整理出这些民族社会历史发展状况的第一手资料。

第二，无理论导向调查。

无理论导向调查即不带任何理论或假设的调查。这种调查在纯学术调查研究中比较普遍，其目的是力求克服“先入为主”的偏见，通过调查研究再归纳和总结成相关理论或观点。

社会调查是否需要理论指导，是否需要有假设，学术界也有不同的看法。一种观点主张社会调查没有必要以某种理论作为指导，也没有必要为社会调查构建假设。进入调查点之后，完全融入当地人的社会和生活之中，客观观察各种现象，在充分熟悉和掌握当地的社会文化的基础上提出自己的理论或假设。另一种观点认为，没有理论支撑的社会调查是盲目的调查，主张必须以理论或假设作为指导，否则不可能获得较好的社会调查资料。

二、大胆创新、多管齐下：综合选择调查研究的方法

2003 年 2 月，习近平同志在浙江省委理论学习中心组学习会上指出，在调研方法上要多样化，一种方法不如几种方法好。他要求党员干部在具体实践中，根据调查任务和要求的不同，采用不同的调查方法，把微观调查和宏观调查结合起来，把定性分析和定量分析结合起来，大胆创新，多管齐下，提高调研工作的效率和调研成果的质量。

社会调查的方法多种多样，最主要的有参与观察法、深度访谈会、问卷调查法（及其量化分析步骤）和抽样调查法。

（一）参与观察法

“参与观察法”或称“参与式观察”“实地调查法”，是最古老、最普遍的社会调查方法之一。调查者实地进入研究对象所在环境，进行全面、深入的观察和调研。一般的

参与观察，调查者往往在调查地居住一段时间，通过考察和访谈，了解该地社会和文化特点，掌握该地的实际情况和问题，探讨发展的途径和方法。在参与观察法中，根据观察者身份是否公开，可以细分为公开性参与观察和隐蔽性参与观察两类。

第一，公开性参与观察，即公开调查者身份后进行的社会调查。被调查单位和个人了解调查者身份。这种参与式调查适用于一些不涉及特殊内容、特殊群体、特殊情境的调查研究，如普通的企业调研、乡村调查、经济调查等。

习近平总书记十分注重参与式观察。在河北正定工作期间，他跑遍全县25个乡镇、221个村；在福建宁德，他到任3个月就走遍9个县；赴任浙江，他用1年多时间跑遍全省90个县市区；在上海仅7个月，他到过全市19个区县；担任党的总书记以来，他的足迹更是遍布大江南北。习近平总书记指出，“下去调研，要去一些困难多的地方、问题多的地方，调研不是光看好的。”“看了困难多、问题多的地方，才能帮助他们解决问题，也有利于我们正确决策。去了就不要兴师动众，做到轻车简从，又能深入一些地方。”

习近平同志的社会调查，不是走马观花、摆摆样子，而是沉下去摸实情、办实事。他在正定时经常骑一辆老式凤凰牌“二八”自行车下乡，每次骑到滹沱河沙滩就扛着自行车走；到厦门工作后，他又买了一辆武夷牌自行车，仍是骑着车四处调研。这样的方式虽然辛苦，但能深入一线，把情况摸深摸透，真正做到胸中有数。到中央工作后，习近平同志对调查研究的重视一如既往。2012 年 12 月底，新当选中共中央总书记不久的习近平顶风踏雪入太行，吹响脱贫攻坚的号角。此后，他走遍了 14 个集中连片特困地区。

第二，隐蔽性参与式观察，即不暴露研究者的真实身份，在实际参与研究对象日常社会生活的过程中进行隐蔽性的观察。部分官员也采用此类方式进行明察暗访，了解真实情况。此外，对一些特殊内容、特殊群体、特殊行业的调查，如对涉嫌犯罪群体的摸查，也往往采用隐蔽性参与式观察。

参与式观察首先必须选择好调查点。选择调查点的基本要求：一是要选择有特色的地区，二是要选择有代表性的地区。选好调查点对成功地进行调查具有关键性的意义。所谓“有特色”，就是该地的社会或文化较为特殊，与其他地区差异很大。所谓“有代表性”，就是说该地能够以小见大、反映总体，比较典型。

从毛泽东同志选调查点的经验上我们可以学到很多。1930 年为了解整个赣南土地斗争的情况，他选择江西省兴国县永丰区作为调查点，是因为兴国县永丰区“介在兴、赣、万之交，明白了这一区，赣、万二县也就相差不远，整个赣南土地斗争的情况也都相差不远”。

（二）深度访谈法

“深度访谈法”又名“深层访谈法”，是社会调查最基本的方法之一。通常是指调查者通过直接访问被调查对象而收集资料的方法。深度访谈调查不同于日常人们的交谈，访谈是调查者有目的、有计划、有程序地向被调查者提问，希望被调查者提供调查所需要了解的信息资料。深度访谈法可以从不同的角度进行分类，从访谈人数角度可以分为集体访谈和个别访谈两类。

第一，集体访谈法，即通过集体座谈的方式了解有关情况和存在问题。其优点在于：访谈对象之间能就访谈内容相互启发、相互补充、相互修正，访谈员集思广益，能在较短时间内获取大量的信息。而集体访谈的缺点是：有些访谈对象不愿在人数较多的会上公开反映某些敏感问题和本单位、本部门存在的问题。

集体访谈法是我们党历来重视的调查研究方法。1961年4月至5月，刘少奇同志在湖南农村蹲点调查44天，其中33天吃住在农村生产队，先后召开了20多次座谈会，从中获得了大量第一手材料，为迅速调整农村政策提供了直接依据。

习近平总书记为推动长江经济带发展，先后到重庆、两湖、江苏等地调研，3次召开专题座谈会；为推动东北全方位振兴，先后到东北调研7次，2次召开专题座谈会；为推动黄河流域生态保护和高质量发展，先后到河南张庄、甘肃以及河南郑州考察调研并召开专题座谈会。

为了起草好“十四五”规划建议，习近平总书记主持召开了7场专题座谈会。“十四五”规划建议是在习近平总书记亲自谋划下，在一次次深入调研中、一场场座谈交流中形成的。

第二，个别访谈法，是指一对一的访谈调研。具有保密性强、访谈形式灵活等优点，因此，个别访谈较易取得访谈对象的配合，访谈成功率高，调查结果较准确，能收集到较为敏感和特殊的信息。民族和宗教问题是较为敏感的问题，党的十八大以来，为保证调查结果的准确性和有效性，有关部门和有关领导到民族地区了解情况，或请有关专家介绍情况，常采用个别访谈的方式。

深度访谈法首先必须选好受访人，受访人必须熟悉有关情况，具有一定的文化水平，各行业均要有代表，能够提供可靠资料。找一位熟悉情况的人比找几十位不熟悉情况的人更能全面了解情况，找一位内行专家比找几十位外行专家更能了解存在的问题。

上文提到的毛泽东同志对江西省兴国县永丰区做农村调查后，写下了著名的《兴国调查》。毛泽东同志选择的8位调查对象，并不是随便选来的普通农民，“他们中间有账房先生钟得五、教书先生陈北平、风水先生陈侦山；屠工傅济庭、泥瓦工雷汉香、爆竹工黄大春；小商人李昌英和雇农温奉章。他们在区、乡苏维埃政府中都担任了一定的职务，在红军预备队里也是营连级干部。他们既是社会的各个阶层，更是兴国县乡村土地革命的领头人，对分田分地的情况非常熟悉。”

深度访谈必须注重访谈技巧。一是先易后难，如先提出比较简单的容易吸引人的问题，然后再渐渐引入主题。二是必须循循善诱，不断启发受访者把自己所知道的事情讲出来。三是要多问“为什么？”受访者一般能够讲述一种现象“是什么”，但大多数人不能直接说出该现象形成和存在

"为什么"。因此，要全面了解存在的问题，就必须多问"为什么"，启发受访者谈出自己的理解。四是每个问题要明确、具体、通俗，以便受访者能够直截了当地用简短、明确的话答复。五是深度访谈必须创造轻松愉快的访谈环境。有些受访者一开始可能有紧张、疑虑、不信任等情绪，无法说出真实的想法，因此访谈应注意创造融洽和谐的访谈气氛。

（三）问卷调查法

问卷调查法在现代社会研究和社会调查中得到越来越广泛的应用。除社会调查外，涉及政治学、教育学、经济学、传播学、心理学等学科也经常采用问卷来搜集资料。问卷还是各种民意测验、舆论调查、市场调查必不可少的工具。

根据使用方法的不同，问卷可分为两种主要的类型：一种为"自填式问卷"，另一种为"访问式问卷"或"访问调查表"。自填式问卷一般通过网络、邮寄、分发的方式送到被调查者手中，由被调查者在无监督和干扰的情况下自行填写，然后再通过相关方式回收。访问式问卷无须发到被调查者手中，而由调查员亲自访问被调查者，按问卷提出问题，并根据被调查者的口头或文字回答来代替填写问卷，所以也称"代填问卷"。这两种类型的问卷在结构、设计程序、设计原则、问题形式与内容等方面都是相同的，只是在使用方法和具体设计上有一定差别。

根据问题形式的不同，问卷设计可以分为6种类型：一是自由叙述式：不给被调查者提供任何答案让其按自己的思想用文字自由地回答；二是多重选择式：让被调查者从提供的互不矛盾的答案中选择出一个或几个答案来；三是“是”或“否”二择一式；四是评定量表法：让被调查者按规定的一个标准尺度对提供的答案进行评价；五是确定顺序式：让被调查者对提供的几种答案按一定的标准作出排序；六是对偶比较式：把调查项目按一定标准划归两个为一组，让被调查者按相应标准进行比较。这6种问卷类型各有其优点和缺点，要根据研究的目的、任务和被调查者的特点选择使用，研究者通常将几种类型并用。

问卷调查的明显优势：一是统一性。问卷的问题内容和结构形式都是统一的。问卷调查工具的统一性，有利于按照统一标准对不同地区、不同人群的不同被调查者进行调查，收集统一标准的资料，也有利于统一进行定量分析。二是灵活性。相对于访谈法和观察法而言，问卷调查具有较多的灵活性。亲自填写、采访填写、集中填写等方式均可。三是匿名性。针对有些较为敏感的问题，为得出真实结果，问卷调查可采用匿名方式。四是量化性。问卷所设计的内容和问题，都是统一化和标准化的，问卷调查的结果具有可比性，有助于定量分析。因此，量化性是问卷调查的一大优势。

习近平同志十分重视采用问卷调查的方式来做调查研究。20 世纪 80 年代，习近平同志在河北正定工作时发现一些地方在汇报工作时存在“报喜不报忧”的现象。如何听到更多群众的呼声？如何更好接受群众监督、了解真实民意？很快，他想出了新办法：“搞问卷调查！”1984 年 10 月上旬，5600 份民意调查表印制出来，正定县历史上的第一次问卷调查正式启动。这些调查表除了向各乡各单位发放外，他还带着工作人员在街边摆桌子，有赶集的老百姓经过，就主动递上问卷。调查表收集上来后，县委和县政府组织专门班子进行分类归纳和综合分析，写出了专题报告。在广泛征求群众意见的基础上，正定县委初步制订出全县 1985 年工作计划和要抓紧办的十件大事。

（四）抽样调查法

抽样调查是一种非全面调查，它是按照科学的原理和计算，从若干单位组成的事物总体中，抽取部分样本单位来进行调查、观察，根据样本数据推断总体数据的调查方法。抽样调查虽然是非全面调查，但它的目的却在于取得反映总体情况的信息资料，因而，也可起到全面调查的作用。

抽样调查的基本特点主要有：一是随机原则，要求总体中的每个单位具有相同的或特定的被抽到的概率，而不是根据调查者的主观判断来确定所要选择的单位。二是从样本数据推算总体数据，这一特点决定了它的应用范围，如生育率、农产量、个体工商户的经营情况等可用抽样调查的方法取得样本推算总体。

抽样调查可缩短调查研究的时间。抽样调查经济性好、实效性强、适应面广、准确性高，在经济、社会、政治、民意等方面被广泛采用。

三、调查研究的过程就是科学决策的过程，衡量调查研究做得好不好关键看实效

中共中央办公厅印发的《关于在全党大兴调查研究的工作方案》指出："当前，我国发展面临新的战略机遇、新的战略任务、新的战略阶段、新的战略要求、新的战略环境。世界百年未有之大变局加速演进，不确定、难预料因素增多，国内改革发展稳定面临不少深层次矛盾躲不开、绕不过，各种风险挑战、困难问题比以往更加严峻复杂，

迫切需要通过调查研究把握事物的本质和规律，找到破解难题的办法和路径。”

怎样才算好的调查研究？衡量调查研究搞得好不好，关键要看调查研究的实效，看调研成果的运用，看能不能把问题解决好。习近平总书记强调：“调查研究要注重实效，使调研的过程成为加深对党的创新理论领悟的过程，成为保持同人民群众血肉联系的过程，成为推动事业发展的过程”“要深入开展调查研究，摸清情况，找到症结，做到心中有数，不能拍脑袋决策，真正把功夫下到察实情、出实招、办实事、求实效上”。

习近平总书记指出：“调查研究是我们党的传家宝，是做好各项工作的基本功。”新时代新征程，我们要以习近平新时代中国特色社会主义思想为指导，继承和弘扬老一辈党和国家领导人注重调查研究的优秀传统，用好调查研究这个传家宝，学好调查研究的方法和技巧，加强调查研究的能力，切实提升调查研究的实效，为全面建成社会主义现代化强国掌握新情况、研究新问题、思考新思路、制定新举措。

《人民论坛》2023年6月上期

大兴调查研究之风的根本遵循

——深刻学习领会习近平总书记关于调查研究的重要论述

国防大学习近平新时代中国特色社会主义思想
研究中心

调查研究是获得真知灼见的源头活水，是做好工作的基本功。党的十八大以来，习近平总书记高度重视调查研究工作，多次作出重要论述和指示批示，深刻阐释了什么是调查研究、怎样做好调查研究等根本问题，使我们党对调查研究的认识达到了新高度，为全党大兴调查研究之风提供了科学指南。2023 年 4 月，习近平总书记在学习贯彻习近平新时代中国特色社会主义思想主题教育工作会议上发表重要讲话，对进一步做好调查研究提出明确要求。我们要以深入开展这次主题教育为契机，认真学习领会习近平总书记关于调查研究的重要论述，不断提高调查研究能力，使调查研究的过程成为加深对习近平新时代中国特色社会主义思想学习领悟的过程，成为保持同人民群众血肉联系的过程，成为强化责任担当、应对风险挑战、推动事业发展的过程，为全面建设社会主义现代化国家、全面推进中华民族伟大复兴而不懈奋斗。

深刻领会习近平总书记关于调查研究重要论述的重大意义

习近平总书记关于调查研究的重要论述，高屋建瓴、思想深刻、考量深远，体现了传承红色血脉的高度自觉、解决矛盾问题的历史主动、推动事业发展的使命担当，展现了马克思主义政治家、思想家、战略家的宏远志向、深邃智慧和博大情怀。

汲取智慧力量的思想宝库。马克思主义认为，实践是认识的来源，也是检验真理的唯一标准；人民群众是实践的主体，是真正的英雄。这是习近平总书记高度重视调查研究的理论基础，彰显了以调研开路、以调研强基的战略考量。从强调“没有调查，就没有发言权，更没有决策权”，到要求“弘扬实事求是的作风，加强调查研究，倾听群众呼声，了解群众意愿，真抓实干解民忧、纾民怨、暖民心”；从“十四五”规划建议编制开展“网络问计”，到党的二十大报告在起草过程中广开言路、集智聚力……实践证明，调查研究不是小事，而是关乎我们党能否得民心、汇民智、聚民力的大事。学习领会习近平总书记关于调查研究的重要论述，我们要进一步秉持“实事求是之意”、克服“哗众取宠之心”，自觉到困难多、群众意见集中、工作打不开局面的地方去体察实情、解剖麻雀，从群众的创造性实践中汲取智慧和力量。

弘扬光荣传统的现实要求。重视调查研究是我们党的光荣传统和优良作风。毛泽东同志、邓小平同志等老一辈革命家都是调查研究的行家里手，他们坚持把调查研究作为工作的基本内容和工作方法，给全党树立了标杆。习近平总书记将调查研究视为“我们党的传家宝”，时时处处率先垂范，为全党大兴调查研究作出了表率。从在浙江工作期间强调调研工作要务求“深、实、细、准、效”，到走遍全省提出“八八战略”；从提出精准扶贫战略，到打赢脱贫攻坚战；从推动京津冀协同发展、粤港澳大湾区建设，到谋划长江经济带发展、黄河流域生态保护和高质量发展……习近平总书记始终以身作则、深入一线，以实际行动把调查研究这个传家宝发扬光大。学习领会习近平总书记关于调查研究的重要论述，我们要进一步掌握要领、务求实效，增强做好调查研究的看家本领、硬核功夫。

作出科学决策的指路明灯。当前，新一轮科技革命和产业变革深入发展，国际力量对比深刻调整，我国发展进入战略机遇和风险挑战并存、不确定难预料因素增多的时期。要应对好未来风高浪急甚至惊涛骇浪的重大考验，我们必须通过调查研究进行问题梳理、难题排查，运用党的创新理论研究新情况、解决新问题。习近平总书记指出，“做决策本身并不难，难的是对情况的准确把握”“调查研究是正确决策的基本功”“调查研究是做好决策咨询的基础”。习近平总书记关于调查研究的重要论述，以全新视野深化了我们对调查研究规律的认识和把握。新时代新征程，我们所面临问题的复杂程度、解决问题的艰巨程度明显加大，唯有继续深入开展调查研究，并在此基础上准确识变、科学应变、主动求变，方能以正确战略策略应变局育新机开新局，推动中华民族伟大复兴号巨轮行稳致远。

全面把握习近平总书记关于调查研究重要论述的内涵要义

习近平总书记关于调查研究的重要论述，深刻阐释了调查研究的意义、内涵、途径、方法等多方面内容，既部署了“过河”的目标任务，又指导解决了“桥和船”的方法论问题，需要我们全面深入把握，切实掌握其精神实质和精髓要义。

明确调查研究的重要意义。调查研究不仅是一种工作方法，而且是关系党和人民事业得失成败的大问题。习近平总书记多次强调调查研究的重要性必要性，提出“调查研究是谋事之基、成事之道”“调查研究是做好各项工作的基本功。不了解真实情况，拍脑袋做决定，是做不好工作的”，要求全党“一定要学会调查研究，在调查研究中提高工作本领”。在开展主题教育中，特别强调“要把理论学习、调查研究、推动发展、检视整改等贯通起来，有机融合、一体推进”，凸显了务必搞好调查研究的刚性要求。

阐释调查研究的重点内容。调查研究要具有问题意识，要有的放矢、突出重点、直击要害，结合实际确定调研内容。习近平总书记强调，要“紧紧围绕高质量发展这个全面建设社会主义现代化国家的首要任务，以强化理论学习指导发展实践，以深化调查研究推动解决发展难题”，“聚焦实践遇到的新问题、改革发展稳定存在的深层次问题、人民群众急难愁盼问题、国际变局中的重大问题、党的建设面临的突出问题，不断提出真正解决问题的新理念新思路新办法”，“在调查研究的基础上作出理论概括和政策设计”。这些重要论述，为我们扎实做好调查研究指明了前进方向和聚力重点。

指明调查研究的实践路径。“调查研究隔层纸，政策执行隔座山。”调查研究要得到真情况、真数据，必须要有正确的实践路径。习近平总书记指出，开展调查研究就是走群众路线，要“深入农村、社区、企业、医院、学校、‘两新’组织等基层单位，把脉问诊、解剖麻雀，进行问题梳理、难题排查”，“要用好交换、比较、反复的方法”，“统筹安排、合理确定调研时间、地点”，“既看‘高楼大厦’又看‘背阴胡同’”，“准确了解群众的所忧所盼”。习近平总书记身体力行、亲力亲为，进社区、访农村、下车间、走市场，为全党重视调研、深入调研、善于调研树立了光辉典范。

注重调查研究的成果转化。“一语不能践，万卷徒空虚。”衡量调查研究搞得好不好，关键要看调查研究的实效，看调研成果的运用，看能不能把问题解决好。

习近平总书记对调查研究中的形式主义、官僚主义现象深恶痛绝，强调“调查研究要注重实效”，“要防止为调研而调研”，“不能搞到工作成绩突出的地方调研多、到情况复杂和矛盾突出的地方调研少的‘嫌贫爱富’式调研”，也“不能搞作秀式调研、盆景式调研、蜻蜓点水式调研”，要“切实把调研成果转化为解决问题、改进工作的实际举措，防止调查多研究少、情况多分析少，提出的对策建议大而化之、空洞抽象、不解决实际问题”。这些重要论述，进一步明确了调查研究的问题导向、目标导向和结果导向。

推动全党大兴调查研究之风的行动指南

全面贯彻党的二十大精神，全面建设社会主义现代化国家，亟须用调查研究夯基垒石。学习领会习近平总书记关于调查研究的重要论述，要从政治上、思想上、行动上深入把握，推动学习往深里走、往实里走、往心里走。

以为民情怀增强调查研究的自觉性。我们要坚持以人民为中心，真心拜人民为师、向人民学习，真切感知前沿性创造实践、经济社会实际运行状况、人民群众所思所盼所忧，及时发现和总结基层干部群众创造的新鲜经验，为分析解决问题获取客观全面、真实可信的第一手材料。各级领导干部要带头调研、经常调研，在真心实意向人民请教中拓展工作视野、丰富实践经验、提高理论联系实际水平，在倾听人民呼声、虚心接受人民监督中进行自我反省、自我教育，在全心全意为人民服务中提高政治站位、提高调查研究能力、增强工作本领。

以问题导向增强调查研究的针对性。问题是调查研究的“准星”，只有预判准形势、搞清楚问题、弄明白任务、确定好对象，“奔着问题去”，才能避免调研走过场、看“盆景”，才不会蜻蜓点水、浅尝辄止，才能在洞察真实情况基础上作出深入思考、拿出解决办法。习近平总书记强调，要“听真话、察真情，真研究问题、研究真问题”。这就要求我们聚焦突出矛盾和问题深入调查研究，坚持具体问题具体分析。当前，全党大兴调查研究，就要紧紧围绕党中央部署，胸怀“国之大者”，把握主要情况、聚焦重点难点，深入一线干实事谋实招求实效，不断提出真正解决问题的新理念新思路新办法。

以求实作风增强调查研究的实效性。调查研究就像“十月怀胎”，解决问题就像“一朝分娩”。习近平同志在福建工作期间三进下党、七下晋江，就是为了到基层去解剖麻雀、发现问题、找出对策。没有调查的研究好似“巧妇难为无米之炊"，调查研究做不实仿佛"半生不熟的夹生饭"，"那样的话肯定要砸锅"。做好调查研究，必须真正把情况摸实摸透。要力戒形式主义、官僚主义，关键是不要弄虚作假。要在深入分析思考上下功夫，去粗取精、去伪存真，由此及彼、由表及里，找到事物的本质和规律，找到解决问题的办法。要坚持丁是丁、卯是卯，既报喜又报忧，不唯书、不唯上、只唯实。

以系统观念增强调查研究的科学性。习近平总书记指出，"系统观念是具有基础性的思想和工作方法"。调查研究工作涉及主体多元、问题多样，往往牵一发而动全身，处理不好"小浪花"就可能酿成"惊天浪"。调查研究的任务越复杂，挑战越严峻，越要坚持"一盘棋"思维，善于"弹钢琴""转盘子"。要把握好全局和局部、当前和长远、宏观和微观、主要矛盾和次要矛盾、特殊和一般的关系，深入实际、深入基层、深入群众调查了解情况，真正把情况摸清、把问题找准、把对策提实，前瞻性思考、全局性谋划、整体性推进各项事业向前发展。

《党建》2023 年第 6 期

调查研究是中国共产党领导革命和治国理政的成事之道

冯　俊

学习贯彻习近平新时代中国特色社会主义思想主题教育要求我们把加强理论学习和加强调查研究结合起来。加强理论学习实现“学思想、强党性”，加强调查研究达到“重实践、建新功”。回顾中国共产党百余年奋斗历程，可以发现，调查研究是中国共产党领导革命和治国理政的科学方法和经验总结，是中国共产党的光荣传统和优良作风的具体体现。中国共产党通过调查研究探索出适合中国国情的新民主主义革命道路，又通过调查研究探索出适合中国国情的中国特色社会主义道路。中国特色社会主义进入新时代，习近平总书记高度重视调查研究，把调查研究看作坚持以人民为中心的根本立场、坚持实事求是的思想路线、坚持和贯彻党的群众路线、坚持全面从严治党的实践途径和重要标志，要求把调查研究作为做好工作的基本功。在新时代新征程上，调查研究成为推进中国式现代化、全面建设社会主义现代化国家、全面推进中华民族伟大复兴的谋事之基、成事之道。

一、中国共产党通过调查研究探索出适合中国国情的新民主主义革命道路

中国共产党领导反帝反封建的新民主主义革命，在明确革命对象、革命任务，寻找正确的革命道路等问题上，经历了艰难探索的过程，在这个过程中，共产党人找到了一个有效的方法，那就是调查研究。调查研究使中国共产党最终找到了适合中国国情的正确革命道路。

毛泽东同志是中国革命正确道路的发现者，他找到农村包围城市、武装夺取政权的革命道路，就是以广泛深入的调查研究作为基础的。正是在他的践行、倡导和推动下，调查研究成为中国共产党的光荣传统和优良作风。

在调查研究的基础上，毛泽东同志于1925年12月发

表了《中国社会各阶级的分析》一文。他在文章的开篇就提出："谁是我们的敌人？谁是我们的朋友？这个问题是革命的首要问题。"毛泽东同志通过对中国社会各阶级的分析，认识到各个阶级的经济地位及生活状况各不相同，因而其心理及其对于革命的观念也各不相同。经过广泛的调查和分析，他得出结论："可知一切勾结帝国主义的军阀、官僚、买办阶级、大地主阶级以及附属于他们的一部分反动知识界，是我们的敌人。工业无产阶级是我们革命的领导力量。一切半无产阶级、小资产阶级，是我们最接近的朋友。那动摇不定的中产阶级，其右翼可能是我们的敌人，其左翼可能是我们的朋友……"毛泽东同志认为："工业无产阶级人数虽不多，却是中国新的生产力的代表者，是近代中国最进步的阶级，做了革命运动的领导力量。"而农民是中国无产阶级的最广大、最真实的同盟军。毛泽东同志解决了中国革命的主力军和同盟军的问题。当时在中国共产党内存在两种倾向：一种是以陈独秀为代表的右倾机会主义，只注意同国民党合作，而忘记了农民；另一种是以张国焘为代表的"左"倾主义，只注意工人运动，同样忘记了农民。这两种倾向都感觉革命力量不足，但不知道到何处去寻找革命的力量，到何处去寻找广大的革命同盟军。

而毛泽东同志找到了，这就是在中国人数众多且又愿意参与革命的农民。

在北伐战争势如破竹之时，农民运动也开展得轰轰烈烈。在怎样对待农民运动问题上，不仅国民党与共产党的态度截然不同，就是在共产党内部也有分歧。农民运动到底是“糟得很”还是“好得很”，带着这个问题，1927 年 1 月 4 日至 2 月 5 日，毛泽东同志对当时农民运动发展最为迅猛的湘乡、湘潭、衡山、醴陵、长沙五县的农民运动情况做了 32 天的实地考察。根据调查研究的情况，他写成了《湖南农民运动考察报告》。该报告明确提出革命党人要极端重视农民斗争，要支持农民的革命举动，特别指出贫农是革命的先锋、中坚和元勋，指出：“国民革命需要一个大的农村变动。辛亥革命没有这个变动，所以失败了。现在有了这个变动，乃是革命完成的重要因素”。

1927 年大革命失败后，八七会议及时纠正了右倾机会主义错误，毛泽东同志在会议上强调：“以后要非常注意军事。须知政权是由枪杆子中取得的”。八七会议后，中国共产党派出许多干部分赴各地，恢复和整顿党组织，发动武装起义。毛泽东同志以中央特派员身份到湖南传达八七会议精神、改组省委并领导秋收起义。在起义部队攻打中心城市长沙受挫后，毛泽东同志果断改变计划，决定到敌人统治力量薄弱的农村山区寻找落脚点。从进攻大城市转到向农村进军，带领起义部队上井冈山，这是寻找中国革命道路具有决定意义的新起点。

在井冈山斗争时期，当有人对红色政权能否存在、“红旗到底打得多久”表示怀疑时，毛泽东同志又通过大量的调查分析写出了《中国的红色政权为什么能够存在？》（1928 年 10 月）、《井冈山的斗争》（1928 年 11 月）、《星星之火，可以燎原》（1930 年 1 月）等著名文章。他通过调查提出，在半殖民地半封建的中国，帝国主义和国内买办豪绅支持的新旧军阀连年不断地进行战争，“因为有了白色政权间的长期的分裂和战争，便给了一种条件，使一小块或若干小块的共产党领导的红色区域，能够在四围白色政权包围的中间发生和坚持下来”。由于小块红色区域的长期存在，革命形势继续向前发展，“日渐接近于全国政权的取得”，因此他得出结论：“所以‘工农武装割据’的思想，是共产党和割据地方的工农群众必须充分具备的一个重要的思想”。毛泽东同志这时已经认识到，中国革命正确的道路应该是农村包围城市和武装夺取政权。

1929 年 12 月，针对红军第四军内存在着各种非无产阶级思想，毛泽东同志在古田会议决议的“关于纠正党内的错误思想”部分中指出：对于政策形势的主观主义分析和对工作的主观主义指导这种错误，纠正的方法是：“使党员注意社会经济的调查和研究，由此来决定斗争的策略和工作的方法，使同志们知道离开了实际情况的调查，就要堕入空想和盲动的深坑”。在这里，毛泽东同志第一次明确使用了“调查和研究”这一科学概念，阐述了其对于形成党的斗争策略和工作方法的重要意义。

在这一时期，毛泽东同志先后写作了《寻乌调查》（1930年5月）、《兴国调查》（1930年10月）、《东塘等处调查》和《木口村调查》（1930年11月）、《长冈乡调查》和《才溪乡调查》（1933年11月）等。基于这些深入细致的调研，毛泽东同志基本确定了哪些阶级是革命斗争的主力，哪些阶级是我们应当争取的同盟者，分析了农村包围城市、武装夺取政权的正确革命道路，其中最具有典型意义的是他在寻乌的调查。在《寻乌调查》中，毛泽东同志强调了调查研究工作的重要性，指出：“我们研究城市问题也是和研究农村问题一样，要拼着精力把一个地方研究透彻，然后于研究别个地方，于明了一般情况，便都很容易了。倘若走马看花，如某同志所谓‘到处只问一下子’，那便是一辈子也不能了解问题的深处”。通过在寻乌的调查，毛泽东同志懂得了城市商业情况，掌握了分配土地的各种情况，为制定对待城市贫民和商业资产阶级的正确政策，确立土地分配中限制富农的“抽肥补瘦”原则，制定正确的土地革命路线，提供了实际依据。

就在寻乌调查的同一个月，毛泽东同志根据寻乌调查以及多年调查研究的感受和经验，写出了《反对本本主义》一文，第一次公开提出“没有调查，没有发言权”“注重调查！反对瞎说”，主张要“到群众中作实际调查去”。他指出：“你对于那个问题不能解决吗？那末，你就去调查那个问题的现状和它的历史吧！你完完全全调查明白了，你对那个问题就有解决的办法了。一切结论产生于调查情况的末尾，而不是在它的先头”，“调查就像‘十月怀胎’，解决问题就像‘一朝分娩’。调查就是解决问题”。要解决某个问题，就必须通过调查研究获取大量的材料，然后对材料进行分析综合得出解决问题的根本方法。”文章批评了中国共产党内和红军中存在的从“本本”出发的教条主义思想，提出，“马克思主义的‘本本’是要学习的，但是必须同我国的实际情况相结合”，“中国革命斗争的胜利要靠中国同志了解中国情况”。《反对本本主义》是毛泽东同志关于调查研究的第一篇理论文章，是对中国共产党领导中国革命初步经验的总结，其中已经蕴含了马克思主义中国化思想的萌芽。

遵义会议结束了王明“左”倾教条主义在党中央的统治地位，但是由于战事局势紧迫，没有时间和条件对“左”倾教条主义给中国共产党和中国革命事业带来的严重危害进行全面清理。延安整风前夕，毛泽东同志决定出版主要由他在 1930—1933 年所做农村调查汇集成的《农村调查》一书。1941 年 3—4 月，毛泽东同志为这本书写了序言和跋。他指出：“出版这个参考材料的主要目的，在于指出一个如何了解下层情况的方法，而不是要同志们去记那些具体材料及其结论。”他告诫党内，如果我们的同志“还保存着一种粗枝大叶、不求甚解的作风，甚至全然不了解下情，却在那里担负指导工作，这是异常危险的现象”。他指出：“开调查会，是最简单易行又最忠实可靠的方法，我用这个方法得了很大的益处，这是比什么大学还要高明的学校。”

1941 年 8 月 1 日，中共中央通过《中共中央关于调查研究的决定》，在中央层面设置中央调查研究局，毛泽东同志担任局长。毛泽东同志在亲自起草的《中共中央关于调查研究的决定》中指出："党内许多同志，还不了解没有调查就没有发言权这一真理。还不了解系统的周密的社会调查，是决定政策的基础。还不知道领导机关的基本任务，就在于了解情况与掌握政策，而情况如不了解，则政策势必错误。"

从1942年春开始，全党范围内发动了一场整风运动。整风运动的主要目的是反对主观主义、宗派主义、党八股以树立马克思主义的作风，解决好马克思列宁主义与中国具体实际相结合的问题，使全党特别是党的高级干部认清中国革命的正确道路是什么，是应该从中国的实际出发，运用马克思主义的立场观点方法分析和解决中国的问题，还是把马克思列宁主义变成僵死的教条，机械地执行共产国际的指示和照抄照搬苏联经验。在整风运动中，毛泽东同志始终提倡在全党大兴调查研究，认为调查研究是理论和实际相联系的不可或缺的中间环节。延安时期毛泽东同志领导的在全党开展的调查研究工作使全党对于中国革命的正确道路有了更为明确的认识，统一了全党的思想，不仅为取得抗日战争的胜利奠定了基础，对于夺取全国革命的最后胜利也发挥了极为重要的作用。

二、中国共产党通过调查研究探索出适合中国国情的中国特色社会主义道路

中国共产党带领中国人民探索适合中国国情的革命道路历经了千难万险、付出了血的代价，找到适合中国国情的建设社会主义的道路同样经过了艰难探索，我们走过了不少弯路，最后才玉汝于成，形成中国特色社会主义道路。调查研究在这两条道路的探索中都发挥了重要作用。

1953 年中国共产党提出过渡时期总路线，建设社会主义的工业化，对农业、手工业和资本主义工商业进行社会主义改造，实现从新民主主义社会向社会主义社会的过渡。1956 年社会主义改造完成，社会主义基本制度确立。在社会主义制度确立起来之后，如何把马克思列宁主义与中国实际相结合、找到适合中国国情的建设社会主义的道路，是摆在中国共产党面前的一个新任务。

1956 年初，苏共二十大召开，赫鲁晓夫全盘否定斯大林，“波兹南事件”“匈牙利事件”使社会主义阵营也出现了裂隙。这提醒中国共产党从以往全面学习苏联、拜苏联为师，转而“以苏联为鉴”，开始独立地探索适合中国国情的建设社会主义的道路。毛泽东同志明确提出：“最重要的是要独立思考，把马列主义的基本原理同中国革命和建

设的具体实际相结合。民主革命时期，我们吃了大亏之后才成功地实现了这种结合，取得了新民主主义革命的胜利。现在是社会主义革命和建设时期，我们要进行第二次结合，找出在中国怎样建设社会主义的道路。”

为了探索社会主义建设的道路、迎接党的八大召开、制订第二个五年计划和迎接大规模的社会主义建设，1955 年底至 1956 年上半年，毛泽东同志等中央领导人进行了大量周密而系统的调查研究。毛泽东同志到河北、河南、湖北、湖南、南昌、杭州、上海、天津等地进行实地调查，并先后听取了国务院 35 个部委关于工业生产和经济工作的汇报。随后，他又用了六天时间，听取国家计委关于第二个五年计划的汇报。为进一步了解各地的工业、运输、财贸等方面的情况，毛泽东同志和中共中央还要求各省、市、自治区党委从十个方面准备经济工作的汇报材料。这次调查是新中国成立后毛泽东同志进行的规模最大、时间最长的系统调查，成为中国共产党全面探索适合中国国情的建设社会主义道路的重要开端。在此基础上，毛泽东同志写出了著名的《论十大关系》，对当时中国社会主义建设需要处理好的重大关系问题进行了科学分析，逐渐形成了对中国社会主义建设具有指导意义的一系列重要思想观点。《论十大关系》将中国建设社会主义的道路与苏联建设社会主义的道路区别开来，为党的八大制定正确的路线奠定了理论基础。

可惜的是，由于国际国内各种原因，我们后来偏离了这条正确的道路。1958 年“大跃进”和人民公社运动在全国范围内开展，“一平二调”“一大二公”，刮“共产风”，在粮食产量指标上“放卫星”，掀起大炼钢铁的群众运动。盲目蛮干、急于求成，违背了经济发展规律，中国国民经济出现了严重困难，这是中国共产党在探索建设中国社会主义道路过程中的一次严重失误和惨痛教训。在严峻的形势面前，毛泽东同志等中央领导人意识到，原来的许多认识并不符合客观实际，而这些导致了决策上的错误。毛泽东同志认为，首要的甚至唯一的方法，是全党同志特别是党的领导干部下去搞调查研究。中共中央和毛泽东同志决心认真调查研究，纠正错误，调整政策。

在 1961 年 1 月的中央工作会议上，毛泽东同志号召：“请同志们回去后大兴调查研究之风，一切从实际出发，没有把握就不要下决心”。在党的八届九中全会上，毛泽东同志提出，希望 1961 年成为一个调查年。会后，毛泽东同志率先行动，直接领导了广东、湖南、浙江三个调查组的调研工作。1961年3月在广州中央工作会议上，毛泽东同志讲道："民主革命阶段，要进行调查研究，社会主义革命和社会主义建设阶段，还是要进行调查研究，一万年还是要进行调查研究工作。这个方法是可取的"。全党开展的大规模调查研究活动对于摸清经济社会实情，对于转变党的作风、恢复实事求是的思想路线，有直接的推动作用；也为中国共产党认识社会主义建设规律、作出科学决策、提高执政能力和领导水平，留下了十分宝贵的经验。

通过大兴调查研究之风，毛泽东同志和中国共产党对如何建设社会主义有了新的更深刻的认识。1962年1月11日至2月7日，中共中央在北京召开扩大的中央工作会议（七千人大会），毛泽东同志在会上指出："社会主义建设，从我们全党来说，知识都非常不够。我们应当在今后一段时间内，积累经验，努力学习，在实践中间逐步地加深对它的认识，弄清楚它的规律。一定要下一番苦功，要切切实实地去调查它，研究它""对于建设社会主义的规律的认识，必须有一个过程。必须从实践出发，从没有经验到有经验，从有较少的经验，到有较多的经验，从建设社会主义这个未被认识的必然王国，到逐步地克服盲目性、认识客观规律、从而获得自由，在认识上出现一个飞跃，到达自由王国”。20 世纪 60 年代初，全党大兴调查研究之风，使得中国共产党对于什么是社会主义、怎样建设社会主义有了新的认识。

“文化大革命”结束后中国又面临向何处去、走什么路的问题。党的十一届三中全会前后，中共中央作出改革开放的重大决策就是以大量调查研究为基础的。据不完全统计，从 1977 年到 1980 年，除中央领导出访活动外，派出的部委办代表团出访达 360 次，科教经贸代表团出访 472 次。农村改革的序幕也经过了认真的调研，中央组成 17 个联合调查组分赴 15 个省调查包产到户情况，最终推动了农村改革的展开。中央在沿海地区创办经济特区的决策，同样是在赴香港、澳门实地考察后，再根据广东、福建的实际情况而作出的。

1978 年 9 月，邓小平同志访问朝鲜归来没有马上回京，而是按事先安排开始了在东北地区的调查研究，在调查过程中他发表了重要谈话。这些谈话强调要以国际上先进的技术作为我们搞现代化的出发点，号召全党破除僵化、解放思想、实事求是。他提出“社会主义制度优越性的根本表现，就是能够允许社会生产力以旧社会所没有的速度迅速发展，使人民不断增长的物质文化生活需要能够逐步得到满足”的新论断，认为全党当前的根本任务就是“要根据现在的有利条件加速发展生产力，使人民的物质生活好一些，使人民的文化生活、精神面貌好一些”。这次谈话与当时正在全国开展的真理标准问题大讨论相呼应，提出了全党工作重点转移的崭新命题，为党的十一届三中全会实现伟大的历史转折奠定了思想和政治基础。

针对在改革开放和社会主义现代化建设新时期如何加强党的建设、推进党的建设新的伟大工程这一重大课题，2000 年 2 月江泽民同志在赴广东调研时完整地提出了“三个代表”重要思想。2000 年 5 月—2001 年 6 月，在“三个代表”重要思想提出后，江泽民同志又分别赴北京、吉林、黑龙江、上海、江苏、浙江、安徽、江西、广东、海南、宁夏、甘肃等地考察，并主持召开近 30 次党建工作座谈会，听取各方面的意见和建议。同时，他还在中央经济工作会议、统战工作会议和中纪委全会上，开展调研和讨论，从不同的角度对新形势下加强党的领导工作作出论述，使“三个代表”重要思想得到进一步充实和完善。

2004 年，胡锦涛同志提出建设和谐社会之后，强调要加强对构建社会主义和谐社会重大问题的调查研究和理论研究，各级党委、政府和领导干部要切实加强对本地区、本部门和谐社会建设有关情况和工作的调查研究，要加强对社会结构发展变化、社会利益关系发展变化、维护社会稳定工作的调查研究，全面分析和把握社会建设和社会管理的发展趋势，为制定政策、开展工作奠定坚实的基础，着力提高构建社会主义和谐社会的本领，努力把构建社会主义和谐社会的各项工作落实好。

从以毛泽东同志为主要代表的中国共产党人探索出适合中国国情的社会主义革命和建设的道路，到以邓小平同志、江泽民同志和胡锦涛同志等为主要代表的中国共产党人探索出中国特色社会主义道路、提出社会主义初级阶段理论和党在社会主义初级阶段的基本路线、成功把中国特色社会主义推向 21 世纪并成功在新形势下坚持和发展了中国特色社会主义，其中的每一步都离不开大量的调查研究，调查研究在开辟中国特色社会主义道路过程中发挥了十分重要的作用。

三、调查研究是中国共产党的传家宝，铸就了光荣传统和优良作风

习近平总书记高度重视调查研究。党的十八大以来，他就调查研究工作作出了大量重要论述，强调：“调查研究

是我们党的传家宝，是做好各项工作的基本功”。在中国共产党的历史上，调查研究是坚持以人民为中心的根本立场、坚持实事求是的思想路线、坚持贯彻落实党的群众路线、坚持全面从严治党的具体体现和实践途径。正是调查研究铸就了中国共产党的光荣传统和优良作风。

（一）坚持以人民为中心的根本立场要做好调查研究

中国共产党的根本宗旨是全心全意为人民服务，人民立场是中国共产党的根本政治立场。党的十八大以来，习近平总书记丰富发展了马克思主义的人民观，认为党的根基在人民、血脉在人民、力量在人民，人民群众的支持和拥护是中国共产党执政的最大底气。坚持一切为了人民、一切依靠人民，坚持以人民为中心的发展理念，发展的成果与人民共享，让群众有更多、更直接、更实在的获得感、幸福感、安全感。

“为什么人、靠什么人的问题，是检验一个政党、一个政权性质的试金石。”要坚守好党的根本宗旨，坚持以人民为中心，就要做好调查研究工作。“要拜人民为师、向人民学习，放下架子、扑下身子，接地气、通下情，深入开展调查研究，解剖麻雀，发现典型，真正把群众面临的问题发现出来，把群众的意见反映上来，把群众创造的经验总结出来。”想问题、作决策、办事情都要站在群众的立场上，通过各种途径了解群众的意见和要求、批评和建议，始终坚守全心全意为人民服务的根本宗旨，用心、用情、用力解决好群众急难愁盼的问题。习近平总书记要求党员干部要拜人民为师，甘当小学生，要多交几个能说心里话的基层朋友，这样才有利于了解真实情况，才能把工作做好。他强调：“我们讲宗旨，讲了很多话，但说到底还是为人民服务这句话。我们党就是为人民服务的……现在就是要服务人民。多想想我们干的事情是不是党和人民需要我们干的？要一心一意为老百姓做事，心里装着困难群众，多做雪中送炭的工作，常去贫困地区走一走，常到贫困户家里坐一坐，常同困难群众聊一聊，多了解困难群众的期盼，多解决困难群众的问题，满怀热情为困难群众办事。”

（二）坚持实事求是的思想路线要做好调查研究

实事求是是中国共产党的基本思想方法、工作方法、领导方法。延安时期，毛泽东同志对“实事求是”这一中国古代的成语做了马克思主义的解读，赋予它新的含义。毛泽东同志指出：“‘实事’就是客观存在着的一切事物，‘是’就是客观事物的内部联系，即规律性，‘求’就是我们去研究。我们要从国内外、省内外、县内外、区内外的实际情况出发，从其中引出其固有的而不是臆造的规律性，即找出周围事变的内部联系，作为我们行动的向导。”实事求是和群众路线、独立自主一起成为毛泽东思想的活的灵魂。

习近平总书记认为坚持实事求是的思想路线和坚持做好调查研究是密不可分、相辅相成的。“坚持从实际出发，前提是深入实际、了解实际，只有这样才能做到实事求是。同样，只有有实事求是的态度才能重视深入实际、了解实际。要了解实际，就要掌握调查研究这个基本功。”“实践反复证明，能不能做到实事求是，是党和国家各项工作成败的关键。全党同志一定要把实事求是贯穿到各项工作中去，经常、广泛、深入开展调查研究，努力把真实情况掌握得更多一些、把客观规律认识得更透一些，为协调推进‘四个全面’战略布局打下扎实的工作基础。”中国共产党在出台重要方针政策、作出重大决策部署前，都会要求有关部门深入基层开展调查研究，了解和掌握第一手材料。习近平总书记要求党员干部要向陈云学习，要依靠调查研究作决策，制定政策要做大量调查研究，听取多方面意见，“要用百分之九十以上的时间作调查研究工作，最后讨论作决定用不到百分之十的时间就够了”。

（三）坚持贯彻落实党的群众路线要做好调查研究

坚持党的群众路线，从群众中来、到群众中去。只有深入基层调查研究，才能亲近群众，联系群众，服务群众。习近平总书记指出："各级领导干部要深入基层、深入群众，加强调查研究，弄清楚人民群众的急难愁盼，弄清楚基层亟待解决的突出问题，有针对性地研究加以解决。"

习近平总书记要求"中南海要始终直通人民群众"，中央要始终把人民群众放在心中、脑中，"中央政治局的同志必须做到以人民忧乐为忧乐、以人民甘苦为甘苦"，"始终怀着强烈的忧民、爱民、为民、惠民之心，察民情、接地气，倾听群众呼声，反映群众诉求"，牢固树立以人民为中心的发展思想。在信息时代、网络时代，新闻媒体和传播方式变了，动员群众、组织群众的方式方法变了，党的群众路线的贯彻落实方式也得随之发生变化。网络时代，人民群众都上网了，民意也就上网了，调查研究和群众路线也得上网。"群众在哪儿，我们的领导干部就要到哪儿去，不然怎么联系群众呢？各级党政机关和领导干部要学会通过网络走群众路线，经常上网看看，潜潜水、聊聊天、发发声，了解群众所思所愿，收集好想法好建议，积极回应网民关切、解疑释惑。善于运用网络了解民意、开展工作，是新形势下领导干部做好工作的基本功”，要“走好网上群众路线”“提高通过互联网组织群众、宣传群众、引导群众、服务群众的本领”，“让互联网成为我们同群众交流沟通的新平台”，成为我们了解民情、收集民意，开展调查研究的新平台。

（四）坚持全面从严治党要做好调查研究

中国特色社会主义新时代的实践证明，不仅在事关改革发展稳定的重大问题上要大力开展调查研究，在全面从严治党问题上也需要大力开展调查研究。以往，中国共产党围绕经济社会发展听取意见多、围绕从严治党听取意见少，在新时代，习近平总书记要求各级干部要多沉下身子、走近群众，就从严治党问题多向群众请教。“面对新时代新使命对党的建设提出的新要求新目标，我们要坚持人民群众反对什么、痛恨什么，我们就坚决防范和纠正什么，树立并用好‘靶向治疗’思维，把准问题的关节点、要害处，从现实问题寻找破解难题的办法，把全面从严治党的思路举措搞得更加科学、更加严密、更加有效。”

党的二十大报告提出：“全面从严治党永远在路上，党的自我革命永远在路上”，“必须时刻保持解决大党独有难题的清醒和坚定”。在二十届中央纪律检查委员会第二次全体会议上，习近平总书记提出“六个如何始终”的问题，即“如何始终不忘初心、牢记使命，如何始终统一思想、统一意志、统一行动，如何始终具备强大的执政能力和领导水平，如何始终保持干事创业精神状态，如何始终能够及时发现和解决自身存在的问题，如何始终保持风清气正的政治生态，都是我们这个大党必须解决的独有难题”。在全党广泛开展调查研究，是回答大党独有难题的现实需要。

要通过调查研究，来推进和加强新时代党的建设新的伟大工程。2022 年 1 月，习近平总书记在对党的建设研究工作作出指示时强调：“在充分调查研究基础上，深入研究推进新时代党的建设新的伟大工程面临的重大理论和实践问题，加强对党建理论最新成果的研究，加强对全面从严治党的研究，在理论上拓展新视野、作出新概括，加深对新时代党的建设规律的认识，不断完善党的建设学科体系、学术体系、话语体系，继续为推进新时代党的建设贡献智慧和力量。”建设好中共党史党建的学科体系、学术体系、话语体系也必须以调查研究为基础。

四、调查研究是做好工作的基本功，是推进中国式现代化的制胜法宝

党的十八大以来，中国特色社会主义进入了新时代。

中国共产党领导中国人民全面建成小康社会、实现了第一个百年奋斗目标，正踔厉奋发、向着第二个百年奋斗目标前进。在以习近平同志为核心的党中央的领导下，全党大兴调查研究之风，在以中国式现代化全面推进中华民族伟大复兴的历史进程中，调查研究发挥着十分重要的作用。

（一）没有调查研究就没有发言权、更没有决策权

习近平总书记指出："调查研究是谋事之基、成事之道，没有调查就没有发言权，没有调查就没有决策权。""正确的决策离不开调查研究，正确的贯彻落实同样也离不开调查研究。"他要求各级领导干部特别是高级干部要围绕经济社会发展重大问题加强学习和调研，提高把握和运用市场经济规律、自然规律、社会发展规律能力，提高科学决策、民主决策能力。研究、思考、确定全面深化改革的思路和重大举措，必须进行全面深入的调查研究。回答事关中国发展全局的重大问题，"不能闭门造车，不能灵机一动，而是要深入进行调查研究，在调查研究的基础上作出理论概括和政策设计。党中央将部署开展集中调查研究。各地区各部门各方面要从自身实际出发开展调查研究，为党中央决策提供依据"。

党的十八大以来，以习近平同志为核心的党中央把脱贫攻坚摆上重要议事日程。2013 年 11 月，习近平总书记在湖南省花垣县十八洞村调研考察时提出了“精准扶贫”理念和“十六字”方针；2015 年 6 月，习近平总书记在贵州调研考察时提出了“六个精准”的要求，即扶持对象精准、项目安排精准、资金使用精准、措施到户精准、因村派人精准、脱贫成效精准。他要求：“各地要通过深入调查研究，尽快搞清楚现有贫困人口中，哪些是有劳动能力、可以通过生产扶持和就业帮助实现脱贫的，哪些是居住在‘一方水土养不起一方人’的地方、需要通过易地搬迁实现脱贫的，哪些是丧失了劳动能力、需要通过社会保障实施兜底扶贫的，哪些是因病致贫、需要实施医疗救助帮扶的，等等。”在大量调查研究的基础上，党中央、国务院提出了分类施策的“五个一批”的扶贫脱贫方案，即发展生产脱贫一批、易地搬迁脱贫一批、生态补偿脱贫一批、发展教育脱贫一批、社会保障兜底一批。

为制订“十四五”规划和 2035 年远景目标，党中央广泛开展调查研究，发扬民主、开门问策、集思广益，把加强顶层设计和坚持问计于民统一起来，鼓励广大人民群众和社会各界以各种方式为“十四五”规划建言献策。2020 年 7 月下旬至 9 月下旬，习近平总书记先后主持召开企业家座谈会、扎实推进长三角一体化发展座谈会、经济社会领域专家座谈会、党外人士座谈会、科学家座谈会、基层代表座谈会、教育文化卫生体育领域专家代表座谈会，当面听取各方面对制定“十四五”规划的意见和建议，还专门听取了各民主党派中央、全国工商联负责人和无党派人士代表意见，并在网上征求社会各界对“十四五”规划编制工作的意见，从广大人民群众的100多万条留言中整理出1000余条建议。文件起草组根据这些意见和建议，对建议稿反复进行讨论修改。最后，中央政治局还决定将建议稿下发党内一定范围征求意见，包括征求党内部分老同志意见。从党的十九届五中全会提出“十四五”规划的建议稿，到国务院和发展和改革委员会制订“十四五”规划纲要，再到第十三届全国人民代表大会第四次会议审议通过“十四五”规划纲要，生动地体现出党和国家大兴调查研究之风的全过程。

（二）调查研究是做好工作的基本功

调查研究是做好工作的基本功，做好调查研究需要学习科学的方法和技术。要坚持因地制宜，综合运用座谈、访谈、随机走访、问卷调查、专家调查、统计分析等方式，充分运用互联网、大数据等现代信息技术开展调查研究，提高调查研究的科学性和实效性。

早在《反对本本主义》一文中，毛泽东同志就总结了七个方面“调查的技术”：一要开调查会作讨论式的调查；二是要调查能深切明了社会经济情况的人；三是要看调查人的指挥能力，来确定开调查会人多好还是人少好；四是要定调查纲目；五是要亲自出马，不能单靠书面报告；六是要深入；七是要自己做记录。

习近平总书记在从政生涯中始终坚持调查研究，把调查研究当成一种习惯和工作常态，做工作总是调研开局、调研开路。他在实践中总结出了调查研究“深、实、细、准、效”的“五字诀”。“五字诀”就是做好调查研究的基本功。

掌握调查研究的基本功，就要坚持问题导向和系统观念，蹲点调研，体察实情，解剖麻雀，全面掌握情况，做到心中有数。调查研究要直奔问题去，实行问题大梳理、难题大排查，打通“堵点”，破解“痛点”，攻克“难点”。全党大兴调查研究要突出重点，做好事关全局的战略性调研、破解复杂难题的对策性调研、新时代新情况的前瞻性调研、重大工作项目的跟踪性调研、典型案例的解剖式调研、推动落实的督查式调研。

（三）调查研究要察实情、求实效，反对形式主义和官僚主义

调查研究是坚持中国共产党的优良作风的载体和实践途径，同时调查研究的过程本身也要求保持中国共产党的优良作风。调查研究要注重察实情、求实效，反对形式主义和官僚主义，要严格执行中央八项规定精神，轻车简从，厉行节约，不搞层层陪同。“调查研究千万不能搞形式主义，不能搞浮光掠影、人到心不到的‘蜻蜓点水’式调研，不能搞做指示多、虚心求教少的‘钦差’式调研，不能搞调研自主性差、丧失主动权的‘被调研’，不能搞到工作成绩突出的地方调研多、到情况复杂和矛盾突出的地方调研少的‘嫌贫爱富’式调研”，要防止为调研而调研，“防止搞‘出发一车子、开会一屋子、发言念稿子’式的调研，防止扎堆调研、‘作秀式’调研”。既要“身入”基层，更要“心到”基层，听真话、察真情，真研究问题、研究真问题。不能只看好的、不看不好的。习近平总书记认为：“看了困难多、问题多的地方，才能帮助他们解决问题，也有利于我们正确决策。”要在调查的基础上深化研究，防止调查多研究少、情况多分析少、提出的对策建议不解决实际问题等现象。衡量调查研究搞得好不好，不是看调查研究的规模有多大、时间有多长，也不是光看调研报告写得怎么样，关键要看实效，看成果的运用，看能不能把问题解决好。要加强对调查研究课题完成情况、问题解决情况的督查督办和跟踪问效，定期对调查研究对象和解决问题等事项进行回访，注意发现和解决新的问题。

习近平总书记要求："当县委书记要走遍全县各村，当地市委书记要走遍各乡镇，当省委书记要走遍各县市区。"他自己就履行了这一要求。在做正定县委书记期间，他骑着自行车下乡，走遍了所有的村；当宁德地委书记和福州市委书记期间，他走遍了宁德和福州的乡镇；在浙江当省委书记期间，他走遍了浙江的全部县市区。党的十八大以来，习近平总书记聚焦重大战略、重大决策，深入基层、深入群众，调研的脚步走遍了祖国的大江南北。例如，为了打赢脱贫攻坚战，他先后 7 次主持召开中央扶贫工作座谈会，50 多次调研扶贫工作，走遍 14 个集中连片特困地区，坚持看真贫，坚持了解真扶贫、扶真贫、脱真贫的实际情况，面对面同贫困群众聊家常、算细账，亲身感受脱贫攻坚带来的巨大变化。

（四）调查研究是推进中国式现代化的有力举措

习近平总书记指出："调查研究是做好工作的基本功，

要把大兴调查研究之风作为即将开展的主题教育的重要内容，并长期坚持，切实掌握真实情况和民情民意，使贯彻落实党的二十大精神的各项决策部署符合实际、符合客观规律。”

党的二十大报告提出：“从现在起，中国共产党的中心任务就是团结带领全国各族人民全面建成社会主义现代化强国、实现第二个百年奋斗目标，以中国式现代化全面推进中华民族伟大复兴。”我们要统筹好国内国际两个大局，把握新发展阶段，完整、准确、全面贯彻新发展理念，加快构建以国内大循环为主体、国内国际双循环相互促进的新发展格局，全面深化改革开放，推进国家治理体系和治理能力现代化。中国式现代化的核心内容就是五大建设：经济建设实现高质量发展，政治建设发展全过程人民民主，文化建设丰富人民精神世界，社会建设实现全体人民共同富裕，生态文明建设促进人与自然和谐共生，这些都需要大力加强调查研究和实践探索，进一步深化对共产党执政规律、社会主义建设规律和人类社会发展规律的认识。

习近平总书记指出：“推进中国式现代化是一个系统工程，需要统筹兼顾、系统谋划、整体推进，正确处理好顶层设计与实践探索、战略与策略、守正与创新、效率与公平、活力与秩序、自立自强与对外开放等一系列重大关系。”要处理好这六组重大关系，就要运用好调查研究。调查研究是应对新时代新征程前进路上的风浪考验、推进中国式现代化的有力举措。

五、结语

调查研究是中国共产党的传家宝，是做好各项工作的基本功。没有调查就没有发言权，没有调查就没有决策权。做好调查研究是中国共产党的人民立场、思想路线、群众路线、全面从严治党的实践要求和具体体现。在历史上，调查研究为中国共产党探索适合中国国情的革命、建设、改革的正确道路发挥了重要作用。在新时代，调查研究是全面建设社会主义现代化国家、以中国式现代化全面推进中华民族伟大复兴的制胜法宝。

调查研究体现了马克思主义实践论和认识论的统一，从实践到认识，再从认识到实践。从个别到一般，再从一般到个别。调查研究是为了弄清事情的真相，找到问题的本质和规律，从实践中总结、提炼、升华出新的理论，再用新的理论去指导新的实践。实践和认识相互促进、辩证运动，推动着认识和实践的前进，这就是马克思主义认识论和实践论的生动体现。

调查研究体现了马克思主义世界观和方法论的统一。在调查研究中坚持马克思主义的立场观点方法，就是要坚持唯物辩证法，反对形而上学。“我们一方面要加强调查研究，准确把握客观实际，真正掌握规律；另一方面要坚持发展地而不是静止地、全面地而不是片面地、系统地而不是零散地、普遍联系地而不是单一孤立地观察事物，妥善处理各种重大关系。任何主观主义、形式主义、机械主义、教条主义、经验主义的观点都是形而上学的思想方法，在实际工作中不可能有好的效果。”只有用普遍联系的、全面系统的、发展变化的观点观察事物，才能把握事物发展规律。我们在调查研究中要善于通过历史看现实、透过现象看本质，把握好全局和局部、当前和长远、宏观和微观、主要矛盾和次要矛盾、特殊和一般的关系，掌握科学的思想方法。学习好、运用好习近平新时代中国特色社会主义思想的世界观和方法论，熟练掌握其中蕴含的领导方法、思想方法、工作方法。

《当代世界与社会主义》2023 年第 4 期

把握好实地调查研究工作的基点

李晓壮

实地调查研究是中国社会学活的灵魂。实地调查研究，就是要到实践中去，提出真问题、解决真问题。其核心是要走出书斋，丢掉“掉书袋子”，俯下身子调查研究“啃地皮”，把实践中解决真问题的真知变成真学问。

面对纷繁复杂的社会，作为中国社会学工作者，必须牢牢把握新形势的新变化、新矛盾的新转变、新思想的新飞跃这一时代主线，认清其所蕴含的对事物运动、变化和发展的影响，把发展产生的真问题，通过实地调查研究发现并解决。这就要求我们真切地把握“大前提”“大合唱”“大文章”三个实地调查研究工作基本点，它们是一个完整的、系统的、科学的世界观和方法论，不仅为我们确立了为之奋斗的“修齐治平”崇高价值，而且为我们提供了获取真学问的思维方法，还为我们写好文章厚植了理论创新的科学土壤。

把握好实地调查研究“大前提”

“学识为公”是把握好实地调查研究的初心底色。自古以来，士人阶层始终都具有中华优秀传统文化中所蕴含的“经世济民”的家国情怀。由此考察，凡成名者不仅有一套独特的思想观点，而且必有一套独特的研究方法，而这种独特的研究方法必以“公心”为前提。如马林诺夫斯基在《江村经济》序言中评说：“费博士看到了科学的价值在于真正为人类服务”，而费孝通一生的志向就是“建立面向中国实际的人民社会学”。中国社会学前辈们用脚去寻找真知，用心去创造“为人之学”“为国人之学”，最终目标正是改善人民生活。

“哲学功底”是把握好实地调查研究的思维基础。冯友兰说：“哲学的价值在于提高人的精神境界”，也可以理解为哲学的实践价值，在于给予人们某种思维方式。费孝通提出“理学堪称中国文化的精华和集大成者，实际上是探索中国人精神、心理和行为的一把不可多得的钥匙”。从中华优秀传统文化中汲取它独特的思维方式——“中国智慧”，是中国社会学者认识中国社会运行机制和社会结构的基础，不仅可以通过改进了的思维方式来客观、系统认识实地调查研究对象，而且可以通过提升了的抽象能力来厘清从实地调查研究中收集的材料，从而使知识或智慧在实地调查研究的实践中实现其价值。

“经验积累”是把握好实地调查研究的关键要件。用学习和实地调查研究来积累自身经验，而积累的经验，实际上就是对事物运动发展变化规律有了科学的认识。一切划时代的理论，都是满足时代实践需要的产物，也都是在不断总结实践经验中发现所处时代规律的产物。1978 年夏，陆学艺根据多年的实地调查研究积累经验与资料，写成《关于加速农业发展的若干政策问题》，为解决农业发展问题提供了重要参考。

把握好实地调查研究“大合唱”

恩格斯说，“现代唯物主义把历史看做人类的发展过程，而它的任务就在于发现这个过程的运动规律”。在这个过程中，实施实地调查研究认识客观世界、改造主观世界，根本目的是要把握好实地调查研究方法原理层次的时空界限的“大合唱”，唱出和谐优美的歌声。

第一，把握好实地调查研究方法的基本原理，即唯物主义总体方法论。首先，从实践中提出真问题，确定实地调查研究主题并对其作一般性的研究，以此分解真问题的各个具体问题，带着这些具体问题深入到实地中对不同层面的调查研究对象采取恰当的调查研究方法进行实地调查研究，由此完成了认识运动规律的实践层面。其次，要对实地调查研究结论进行综合分析，将在具体问题中得到的解答归纳演绎，由点及面、由量到质、由因到果，最终得出一个科学性总体结论，找到事物运动发展变化的规律。至此，也就上升到了理论层面，完成了认识运动规律的认识层面。最后，通过实地调查研究形成的理论又可以指导新实践中新的真问题，而新的实地调查研究又推进了原有理论的创造，也就是再实践、再认识，如此循环往复，我们就在实践中发现、发展、检验理论，推进了理论创新。

第二，把握好实地调查研究方法的普遍原理。这类原理不如基本原理涵盖宽泛，但它对于实地调查研究对象来说，具有普遍的实践意义。实地调查研究本身就是社会学的一种调查研究方法，要把握好它，还要掌握嵌入其中的矛盾分析、比较分析、阶层分析、历史分析等实地调查研究的基本分析方法，以综合地反映实地调查研究对象的运动发展变化规律。

第三，要把握好实地调查研究方法的个别原理。这类原理是对个别问题所作出的选择和判断，运用的范围会根据实地调查研究对象、实践问题、研究取向等主客观条件的不同，在典型调查、类型调查、跟踪调查等实地调查研究过程中采用具体实地调查研究法，如访谈法、观察法、座谈会法、问卷法、文献法等。

把握好实地调查研究“大文章”

历史上的理论，是“流”而不是“源”，我们的理论之“源”，是所处时代的实践需要。

首先，要续写好中国社会学本土化这篇“大文章”。在中国社会学百年发展历程中，实地调查研究所取得的成就最为光辉璀璨。如此评价，不仅在于实地调查研究为中国社会学赢得了国际赞誉，被西方社会学界称为“社会学中国学派”，而且还在于肩负社会责任感与使命感的历代中国社会学工作者，对不同时期、不同研究对象的实地研究和理论建构的探索，有意无意地集成一套完整的方法和理论谱系，“可以从部落乡村往上一层一层地看中国基层社会生活”，认识中国社会全貌。坚定走好中国社会学本土化，就是要毫不动摇地继承好、发扬好前辈们留下的宝贵学术遗产，这也是中国社会学本土化最“土”的优势。

其次，把实地调查研究中形成的“大文章”写在祖国大地上。新时代，中国正经历着我国历史上最为广泛而深刻的社会变革，也正在进行着人类历史上最为宏大而独特的实践创新。这种前无古人的伟大实践，必将给理论创造提供强大动力和广阔空间。中国社会学工作者要为中国式现代化的正确决策和构思服务，从中国国情出发记述这场广泛而深刻的社会变革，创造这场人类历史上最为宏大而独特的实践创新所需要的理论，使记述与理论创造体现中国智慧、符合中国实际、解决中国问题。

最后，积极建构中国社会学自主知识体系“大文章”。我们走中国特色社会主义道路，就一定要推进社会学中国化，形成具有中国特色、中国风格、中国气派的中国自主的社会学知识体系。它必须有独立的研究对象、理论内容和基本方法，才有独立存在的价值，才能不为其他学科所取代，才能不总替西方社会学作“注释”。实地调查研究，正是进一步研究和建构中国社会学自主知识体系的基础和方法。写好这篇“大文章”重要，但是发现、应用写好这篇“大文章”的方法更为重要。

《中国社会科学报》2024 年 1 月 19 日第 5 版